이 책의 수익금은 배뇨장애로 고생하는
두메산골 어르신들을 위해 쓰입니다.

전립선 전도사
권 성 원 올림

아버지 전설

아버지 전설

초판 1쇄 인쇄 2025년 9월 10일
초판 1쇄 발행 2025년 9월 17일

지은이 권성원
펴낸이 정태욱
펴낸곳 여백출판사

총괄대표 김태윤
주간 신흥래
편집 안승철 김미선
디자인 굿베러베스트
마케팅 PAGE ONE 강용구

등록 2019년 11월 25일(제2019-000265)
주소 경기도 고양시 덕양구 삼원로 73, 1213호
전화 031-966-5116
팩스 02-6442-2296
이메일 ybook1812@naver.com

ISBN 979-11-90946-39-1 (03810)

ⓒ 권성원, 2025

- 책값은 뒤표지에 있습니다.
- 잘못 만들어진 책은 구입처나 본사에서 교환해드립니다.
- 저작권자의 허락 없는 무단전재와 복제를 금합니다.

아버지 전설

권성원 에세이

여백

● 이 책을 읽는 기쁨

아버지, 아! 우리 아버지

유자효 | 시인·방송인

10여 년 전, 필자가 국제로타리 서울 지구의 사무총장을 할 때 권성원 박사를 처음 뵈었다. 우리나라의 대표적인 비뇨기과 의사인 그는 세계적인 봉사단체의 멤버이기도 하다. 또 그는 의료 혜택을 받기 어려운 지역을 찾아다니며 봉사 활동을 하고 있다.

그 뒤 권 박사가 이끄는 비뇨기과 의사들의 봉사단체는 원로 언론인들의 모임인 대한언론인회의 요청에 의해 무료진료 행사를 했다. 나도 회원으로서 검진을 받았는데 전립선 비대증이었다. 그날 이후 권 박사를 찾아가 그의 환자가 되었다.

3년 전, 내가 한국시인협회 회장을 할 때 회원들을 인솔해 지방을 다녀오다가 절박뇨에 이은 요폐 현상을 겪은 적이 있다. 휴일 밤에 어찌할 바를 모르던 나는 권 박사의 인도로 집에서 가까운 종합병원에 가서 응급 처치를 받았다. 한밤중에 시도 때도 없이 전화를 해대는 나를 안심시키며 전화 진료를 하던 그의 배려를 잊지 못한다. 그 뒤, 그 얘기를 하며 감사를 표했더니 "무슨 소리, 의사 됐다 어디 쓸려고…" 하며 웃는 것이었다.

권성원 박사는 글을 잘 쓴다. 그는 대화체의 독특한 문체를 구사한다. 그 문체는 독자들을 흡인시킨다. 글이 곧 사람이라는 것을 가장 잘 보여주는 필자이다. 나는 계간《건강한 전립선 시원한 배뇨》에 실리는 그의 글을 찾아보는 애독자가 되었으며, 그의 수필집《아버지 마음》과《아버지 눈물》그리고《위대한 아버지》를 통독한 그의 팬이 되었다.
그의 책들은 서점에 내놓지 않았는데도 입소문을 타고 출판사에 주문이 쇄도해 수천만 원씩의 인세 수입이 난 베스트셀러가 되었다. 그 힘은 글의 솔직함이 주는 감동에서 비롯되었다. 그는 수익금 전액을 전립선협회에 기부해 오지 무료진료 행사를 이어가게 했으니 훌륭한 일이었다.

권 박사 글의 주제는 '아버지'이다. 그동안 '어머니'에 대한 글과 헌사는 넘쳐나는데 아버지에 대한 글은 보기 드물었다. 그런 관성을 무너뜨린 것이다. 권 박사는 아버지들이 폐허의 조국을 어떻게 일으켜 세워 오늘의 선진국으로 만들어 왔는지, 그가 만난 아버지들의 생생한 체험과 음성을 통해 증언하고 있다. 아버지는 울지 않는다. 그러나 아무도 없는 곳에서 홀로 속 깊은 눈물을 삼키는 우리 시대 아버지들의 이야기이다.

권성원 박사는 시대의 의인이다. 그와 그의 의로운 동료들에 의해 비뇨기 고통을 겪고 있던 두메의 10여만 명 노인들이 의료 혜택을 받을 수 있었다. 그것도 국내 최고 의료진의 손으로….
이제 협회 창립 30주년을 맞아 권 박사의 새로운 아버지 이야기가 출간된다고 한다. 이번에는 어떤 구수한 이야기들을 만날 수 있을까? 우리들을 웃기고 울려주실까? 기다려진다.

2025년 8월

유 자 효

● 책을 펴내며

잊혀져 가는 전설에 대하여

보릿고개를 울며 넘던 나라가,
남의 나라 원조로 겨우 입에 풀칠하던 나라가,
생머리를 잘라 만든 가발을 팔러 다니던 나라가,
구로공단 여공들의 눈물 젖은 봉제품 보따리를 들고 다니던 나라가,
반세기 만에 원조를 주는 나라로,
반도체로, 조선으로, 무기로, 방방 뛰는 나라가 되었습니다.
유엔이 인정하는 선진국이 되었습니다.
개천에서 용 났다고 박수를 받는 나라가 됩니다.

개천에서 용을 잉태하고 용을 낳느라 지독한 진통을 이겨낸 어르신들이 있었습니다. 오로지 가족을 먹여 살리고, 자식들 교육을 위

해서라면 물불 가리지 않고 달려든 용사들이었습니다.
생면부지의 나라 독일로 갑니다. 지하 1,000미터까지 내려가 석탄을 캡니다.
낡은 어선을 몰고 대서양, 태평양을 누비며 목숨 걸고 고기를 잡습니다.
중동이란 열사의 땅까지 달려가 건설공사에 몸을 던집니다.
팔 만한 건 무조건 싸들고 오대양 육대주를 누빈 무역일꾼들이 있었습니다.
경제 대국! 민족중흥! 한강의 기적!
이분들의 피와 땀과 눈물로 일군 성적표입니다.
세계 최고의 우등생이 된 그들이었습니다.
전 세계가 우러러보는 그들이었습니다.

알다가도 모를 일입니다.
정작 나라 안에서는 푸대접입니다.
호의호식에 겨운 젊은 세대들, 그들이 얼마나 많은 고통의 강을 건너왔는지 모릅니다. 알면서도 모른 척하기도 합니다.
늙은이들은 '데켠으로 가라!'입니다.
늙은이들이 '아는 게 뭐냐!'입니다.

어쩌다 오줌 고생으로 눈물짓는 두메산골의 노년들을 찾아다니게 됩니다.
어쩌다 팔자에도 없는 노년들을 위한 잡지를 발행하게 됩니다.
어쩌다 글공부라곤 근처에도 가보지 못한 주제에 칼럼이니 편집후기니 글을 써야 하는 신세가 됩니다.
어쩌다 이 나라 문단에 등단을 합니다. 만년에 글쟁이가 '업'이 됩니다.

이대 동대문병원에서 30여 년, 강남차병원에서 20여 년, 전공이 전공이다 보니 노인 환자들을 주로 돌보게 됩니다.
가장 험난했던 시대를 살았던, 개천에서 용을 배출시킨 노년들의 삶을 샅샅이 들여다보고 그들의 삶에 빠져들었습니다.
가랑비에 옷 젖는 줄 모른다더니 야금야금 가는 세월에 어느덧 저도 요즘 젊은 세대들의 뒷말처럼 '꼰대'의 반열에 오릅니다.
자연히 초록은 동색입니다. 가장 험난했던 시대를 살았던 이 시대 아버지들의 이야기가 써지더라구요.
저의 운세에 '글쟁이 팔자'가 있었던 모양입니다.
문필계의 명사 두 분을 사부로 만납니다.
오랜 세월 이화(梨花)에서부터 같이했던 이어령 선생님이 채근을 합니다. 문학 하는 사람들, 어머니 이야기만 쓰던데 '아버지 이야기'만 쓰는 제가 기특하답니다.
이제는 책을 내야 한답니다.

사실, 이 시대 아버지들 너무나 불쌍하답니다. 직사하게 고생한 분들이랍니다. 진짜 진짜 위대한 아버지들이랍니다.

어느 눈 오는 날 저녁, 인사동 골목에서 동동주를 마시다 제 칼럼의 애독자가 되고 친구가 되더니 나중엔 환자가 되어 만년의 삶을 같이한 분이 있습니다.
진료실에서 만나면 환자도 아니고, 치료 이야기도 아니고, 오로지 글 이야기만 합니다.
평생 글만 써온 분입니다.
바로 중앙일보 주필을 역임하신 대기자의 전설, 최우석 선생님입니다.
두 분이 저를 밀어붙입니다. 책을 내랍니다. 이제 때가 되었답니다.
사실 두 사부님의 협공이 없었으면 책을 낼 엄두도 못 냈을 겁니다.
태생이 새가슴 훈장이잖아요.

2012년, 《아버지 마음》을 세상에 내보냅니다.
세상 물정 모르는 초짜 글쟁이가 돈 욕심에 등이 터진 거지요.
자선 출판이란 팻말을 붙여 책을 냅니다. 몇 권 사주시면 오줌 고생하는 두메산골 노인 한 분을 살릴 수 있다고 애교를 부립니다.
세상은 '예스'예요. 민망할 정도로 많이 팔았어요.
글이 좋아서가 아닙니다. 적선의 뜻으로 사주신 겁니다.

얼마 지나니 이번엔 최우석 선생님이 닦달을 합니다.
원고가 쌓였으니 아버지 시리즈 한 번 더 내랍니다.
돌아가는 세상만사에 '위대한 꼰대'들의 심기가 영 불편하답니다.
제 글이 그들에게 위로가 될 거랍니다.
더 진한 말을 합니다.
사실, 권 선생 글은 세상 물정 모르는 젊은이들이 꼭 봐야 한답니다.
효의 본질을 알게 해주는 글이어서 좋답니다.
그래서 《아버지 눈물》을 내보냅니다.
어쨌거나 많이 사주셨습니다.
진료 봉사에 큰 힘이 됩니다.

또, 몇 년이 지납니다.
코로나19 팬데믹이 세상을 휩씁니다. 덩달아 협회의 통장도 비명을 지릅니다. 팬데믹으로 뒤숭숭할 때입니다. 투병 중이시던 이어령 선생님이 호출을 합니다.
제가 좋아하는 스페인 음식을 사주고 싶답니다.
등단도 했으니 책 한 번 더 내랍니다.
글쟁이에게 남는 것은 책밖에 없답니다.
《위대한 아버지》를 세상에 내보냅니다.
어수선한 세상인데 모두들 책을 사주십니다.
팬데믹 환란 속에서 비틀대던 협회를 세워줍니다.

금년이 협회 창립 30주년입니다.
이번에는 제 진료실을 드나드는 환자 어르신들이 '아버지 이야기' 더 안 나오느냐고 부추깁니다.
요즘 아이들이 읽어야 할 글들이랍니다.
손주 녀석들에게 상금 걸고 독후감을 쓰게 했답니다.
할아버지를 보는 눈길이 달라지더랍니다.

풀죽은 꼰대들에게 '힐링'이 정말 필요한 세상이랍니다.
사실 지나온 30년의 세월, 많이도 쏘다녔습니다.
오줌 고생하는 어르신들 10여만 명에게 작은 행복을 나누어 드렸습니다.
이실직고합니다.
너댓 권 값이면 두메의 오줌 환자 한 분이 웃거든요.
2천 명이 넘는 환자들에게 전문진료를 해드렸습니다.
변변치 못한 책들인데, 그야말로 '억' 소리 나는 기적을 보여주었습니다.
10년 가뭄에 단비였습니다.
독자들의 따뜻한 인정에 눈물을 삼킵니다.

책이 점점 더 멀어져가는 세상이지만 수필 한두 편만이라도 읽어주세요.

늘어나는 주름, 짙어지는 검버섯, 불편한 거동에 한숨짓는 아버지들이 이 책을 읽고 위로가 된다면 참 좋겠습니다.
젊은 세대들이 잠시만이라도 아버지들의 전설을 기억해준다면 더더욱 좋겠습니다.

2025년 늦여름

권 성 원

차례

- 이 책을 읽는 기쁨 • 유자효 | 7
- 책을 펴내며 • 권성원 | 10

1부 아버지라는 이름으로

꿈을 캐던 사람들 | 23
청계천은 흐른다 | 44
야통(夜通)의 전설 | 63
라스팔마스의 영웅들 | 81

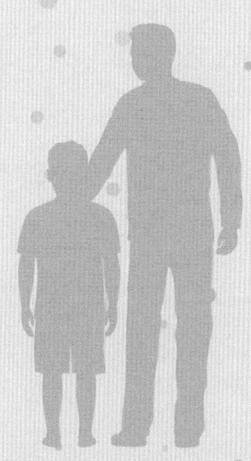

2부 위대한 아버지

전송가(戰頌歌)를 아시나요? | 103

평양 대탈출 | 120

아아 어찌 잊으랴 | 141

아버지의 전설 | 161

3부 전설이 지다

연어의 일생—신격호 롯데그룹 명예회장 이야기 | 185

인연의 강—강신호 동아쏘시오그룹 명예회장 이야기 | 201

거인의 전설—김영균 한국전립선배뇨관리협회 초대회장 이야기 | 209

'무서운 지성'—시대의 지성 이어령 선생님 이야기 | 218

그날이 오면—김신권 한독약품 명예회장 이야기 | 233

4부 이런 사랑도 있었네

하얀 와이셔츠에 넥타이 | 249
아버지의 소원 | 270
사우디 형제 | 291
남한산성 육각을 아시나요? | 311

1부
아버지라는 이름으로

유학 시절, 우리 백성들의 끈기와 집념을 똑똑히 보았습니다.
지구 반대편 대서양에서 고기 잡는 원양 어부들의 의지를!
독일로 파송된 간호사와 광부들의 희생정신을!
발차기로 서양인들을 휘어잡은 태권도 사범들의 정신!
잊을 수가 없습니다.
그들이 한강의 기적을 일궈낸 것입니다.

꿈을 캐던 사람들

환자가 제 손을 잡습니다. 참았던 눈물이
제 손등을 적십니다. 4~5년만 더 살게 해달랍니다.

함부르크의 밤

향수병은 집밥에 대한 그리움으로부터 도지더라구요.
쿰쿰한 김치 냄새, 구리구리한 된장찌개 냄새가 진동을 합니다. 한 달 만에 맡아보는 냄새입니다. 입안에 군침이 마구 흘러넘칩니다. 독일 북쪽의 항구도시 함부르크의 한국 식당입니다.
함부르크에서 차로 한 시간 남짓 떨어진 뤼벡(Lübeck)의대로 공부하러 온 지 한 달쯤 지나서입니다.
인연이란 게 묘해 아내의 절친이 일찍 독일로 파견 온 간호사인데 부군이 한국의 유명 신문사 특파원이더라구요.
이 특파원이란 기자선생, 동년배에다 같은 삼팔따라지입니다. 초면에 의기투합합니다. 그뿐인가요? 이 지역 한국교민회 부회장으로 오피니언 리더이기도 하더라구요.
이날도 교민회 정례 골프시합에 특별회원이란 이름으로 초청을 받았지요. 운동 후 회식 장소가 바로 이 식당입니다.
1985년 초여름쯤 되려나?
나라의 형편이 피고 해외여행 자유까지 누리게 되다 보니 꽤 큰 식당인데 손님이 넘칩니다.
식당 주인이 교민회 간부인 터라 이 지역 동포들의 아지트입니다. 안쪽 제일 좋은 방으로 모시더라구요.
드디어 식탁이 차려집니다.
심청전의 심봉사가 됩니다. 눈이 번쩍 뜨입니다. 배추김치, 당면잡채, 낯선 생선이지만 회에다 매운탕까지… 꿈에도 그리던 한식의 향연이 벌어집니다.
제가 근무하는 뤼벡시는 한국 식당은커녕 일식당도 없는 소도시다 보니 한식에 대한 향수병이 도질 대로 도져 있었거든요.
금상첨화입니다. 한국의 소주와 이종사촌쯤 되는 독일의 슈납스(Schnapps)가 술맛에 불을 지릅니다.
술잔도 소주잔같이 작더라구요. 10여 명의 술꾼들이 삽시간에 백년지기가 됩니다.
술김에도 기골이 장대한 회장의 따뜻한 배려가 민망할 정도입니다. 몇몇 회원들은 선장이라고 부릅니다.

부산 해양대학 출신으로 10여 년간 선장 생활을 하다 이곳에 정착한 분입니다.
항해용 물자를 납품하는 사업으로 대성한 기업인입니다.
부산에서의 대학시절 이야기를 나눕니다.
제가 살았던 수정동이라는 동네 이야기가 나옵니다. 전생의 인연인지, 갑자기 저를 뚫어지게 쳐다봅니다.
"혹시 동석이 친구 아닌교?"
해양대학에 입학해 기숙사 생활하던 절친이 주말이면 집밥을 먹으러 왔는데, 어느 날 두 집 건너에 사는 생도대장이라는 선배를 소개한 적이 있거든요. 워낙 큰 몸집에 마도로스 제복(해양대학은 해군사관학교처럼 제복을 입었음)이 그리 멋질 수가 없었습니다.
근 30여 년 전에 옷깃을 스친 인연인데 솥뚜껑만한 손으로 제 손을 잡습니다. 우정이라는 온기가 전해옵니다.

코 큰 사위, 파란 눈 며느리

갑자기 왁자지껄 한국인과 독일인들이 떼지어 식당으로 들어옵니다.
놀랍게도 우리 선장에게 모두들 깍듯이 인사를 합니다.
선장이 귀띔을 합니다.
저 코 큰 아저씨들은 우리 사위들입니다.

저 파란 눈의 아주머니는 우리 며느리이고요.
이 지역에 정착한 파독 광부와 간호사들의 모임인 '한독협회' 회원들이랍니다.
코가 큰 아재들은 간호사들의 남편이고, 파란 눈의 아지매들은 광부의 아내랍니다.
코가 큰 사위! 파란 눈의 며느리! 어찌 보면 참 따뜻한 호칭입니다.
선장이 큰소리를 칩니다. 맥주든, 슈납스든, 와인이든 모든 술값은 자기가 내겠답니다. 웃으면서 저에게 한마디 던집니다. 머나먼 타국 땅에서 맺어진 우리네 며느리, 사위들이랍니다. 잘들 살아야 할텐데 늘 걱정이라네요.
회장의 따뜻한 동포애가 제 가슴을 적십니다.
오늘 모인 교민회원들 중에도 광부 출신이 한 분 계시더라구요.
광부 일을 끝내고 가구점으로 성공한 분입니다.
이 모임에 제 코를 꿴 기자선생의 부인도 파독 간호사입니다. 자연히 화제는 파독 광부, 간호사들의 이야기로 모아집니다. 특별히 기자선생의 날카로운 눈으로 본 광부들과 간호사들의 이야기는 모두가 소설이고 드라마더라구요.
오늘 이 식당에 모인 한독협회 회원들은 그래도 모두가 성공한 커플들이랍니다.
독일 의사 남편 만나 넉넉한 삶을 사는 간호사도 있고, 독일 화가를 만나 남편 따라서 화가의 길을 걷는 여성도 있답니다. 학교 교사인 참한 독일 여성을 만나 고등학교를 거쳐, 대학을 마치고 독일 회사의 중역이 된 광부도 있답니다.

그동안 막연히 보릿고개라는 슬픈 역사를 지우는 데 큰 몫을 한 분들로만 알고 있었지요.

지구 반대쪽 독일이란 나라로 파견, 아니 송출(送出)된 광부와 간호사들, 세계 최빈국이었던 이 나라 경제발전의 견인차였다는 근사한 말만 들어온 터였습니다.

그게 아니더라구요.

대학 출신의 가짜(?) 광부들이 1,000m 지하 막장으로 들어갑니다. 그 야들야들한 손으로 곡괭이를 들고 석탄을 캡니다.

동양에서 온 야리야리한 그녀들! 80~90kg의 덩치 큰 환자들을 낑낑대며 침대로 옮깁니다. 그 역겨운 시체도 닦습니다.

남자들도 슬슬 피하는 염(殮) 작업에도 달려듭니다.

10년 넘게 그들이, 그녀들이 흘린 땀과 눈물은 냇물이 되고 강이 되어 흘렀답니다.

신의 한 수

파독 광부 모집이 워낙 경쟁이 심하다 보니 광부 경력자보다 60년대 그 당시로는 고학력자들인 고졸자들이 대부분이었고 대졸자도 꽤 많았답니다. 당시 흔히 쓰던 단어 '고등룸펜(Lumpen : 고학력 실업자)'들이지요.

지적 수준이 높다 보니 금방 일에 적응하고 언어 소통도 일취월장합니다. 계약기간이 끝나고 다른 직업을 찾아 각자도생으로 성공한 분들도 늘어납니다.

한국 여성들의 착한 심성이 빛을 발합니다. 궂은일 마다않고 달려드는 쬐그만 한국 간호사들, 손재주가 좋아 정맥주사 기술은 독일 의사들조차 혀를 내두릅니다. 우리 간호사들 '백의의 천사', 그 자체라고 독일 환자들이 엄지척을 합니다.

우리네 선남선녀들, 옷가게는 쳐다보지도 않습니다. 가지고 있는 옷 깨끗이 빨아 곱게 다려 입었답니다. 멋도 알 만한 젊은이들인데도 말입니다. 지독한 구두쇠들입니다.

군것질도 저리 가라입니다. 꽤 많은 품삯을 받는데도 말입니다. 대충 한국에서 대졸자 초임의 대여섯 배나 받는 고소득자인데도 말입니다.

마르크 동전 한 닢이라도 아껴, 받는 돈은 몽땅 고국의 가족들에게 보냅니다. 보릿고개에 시달려온 수많은 부모들의 살림살이가 피고 형제자매들이 학교를 다닐 수 있게 됩니다.

파송 10년 만에 부끄러웠던 보릿고개란 말도 역사 속으로 사라집니다.

술이 거나해지면서 슬픈 이야기들이 나옵니다.

'목구멍이 포도청'이란 말 맞는 말입니다.

광산의 '광' 자도 모르는 백면서생들인 면서기 같은 공무원들, 초중고 선생님들까지 독일 광부 송출에 달려듭니다.

막장에 들어가기 전 기초교육을 받지만 기술적으로나 체력적으로나 미숙한 광부들이니 사고 치기 마련이었답니다. 20여 명의 젊은 이들이 유명을 달리했답니다.

향수병, 외로움에 지쳐 극단적인 선택을 한 분도 많았답니다. 특별히 마음 약한 간호사들이 죽음을 택했답니다.

오늘 이곳에 모인 한독협회 회원은 아주 잘사는 부부들이랍니다.

그래도 이질적인 생활환경, 색다른 문화 속에 살다 보니 늘 갈등이 쫓아다닌답니다. 독일인 남편 잘못 만나 폭력에 시달리다 이혼한 여성들, 독일 여성과의 사회적, 문화적 이질감에서 헤어나지 못해, 땀과 눈물로 모은 돈을 몽땅 위자료로 털린 광부들도 한두 명이 아니었답니다.

놀랍게도 악착같이 모은 마르크를 싸 들고 미국, 캐나다 같은 제3국으로 진출한 광부들도 많았답니다.

광부, 간호사들의 독일 파견은 우선 보릿고개를 떨어내고 국민들에게 외화벌이의 위력을 실감케 합니다.

그러나 더 큰 업적은 우물 안 개구리였던 우리 백성들에게 세계화의 눈을 뜨게 했다는 사실입니다.

중동 건설도, 월남 참전도, 가발과 봉제품의 보따리 세일즈도 파독 사업이 반면교사였던 것입니다.

이제 전 세계 어느 나라를 가도 한국교민회관이 있고 태극기가 휘날립니다. 광부, 간호사 독일 파송은 한강의 기적을 위한 '신의 한 수'였습니다.

한강의 기적

70여 년 전으로 돌아갑니다.

쑥대밭이 된 전쟁의 상처가 아물기도 전인 1956년, 대학원을 갓 졸업한 26세의 앳된 젊은이가 독일 유학의 길에 오릅니다.

천신만고 끝에 국비장학생 선발의 관문을 뚫고, 당시로서는 마르코 폴로 같은 모험의 길을 갑니다.

서독 에를랑겐-뉘른베르크(Erlangen-Nürnberg)대학 박사과정에 들어갑니다.

날밤을 새워가며 경제학 연구를 합니다. 사전 한 장 외우면 씹어가면서 독일어 공부에도 매진합니다.

미국과 달리 독일의 박사과정은 지도교수의 성에 차야 논문심사에 들어갑니다. 빨라야 5~6년인데, 3년 만에 동양에서 온 젊은이가 박사학위를 거머쥡니다. 학위심사가 통과된 날 기숙사로 돌아온 그는 그야말로 펑펑 울었답니다.

참으로 대단한 젊은이입니다.

전라북도 김제의 빈농 출신입니다. 서구처럼 농촌경제를 살려보겠다는 일념으로 선진 경제학을 전공하기로 작심한 청년입니다.
연구비도 많이 줄 테니 대학에 남아 공부 좀 더 하라는 독일인 지도교수의 만류도 뿌리칩니다.
미련 없이 고국으로 돌아와 중앙대학교 최연소 교수가 되고 최고의 인기를 누렸답니다. 저의 절친 몇 명이 이 젊은 교수의 제자들이었는데, 이 청년교수 강의 시간에는 교실이 미어터졌답니다.
10여 년 전 어느 날, 진료받으러 왔던 이 친구들이 대기실에서 은사를 만납니다. 반세기 만이랍니다.
이 친구들 깍듯이 큰절을 합니다. 역시 우리나라는 군사부일체(君師父一體)입니다.
친구들이 저에게 일갈합니다.
"권가야! 우리 선생님 잘 모셔야 돼!"
"내가 선생님을 백수까지 모실 거다! 왜!"
동병상련의 은사가 파안대소를 합니다.
세월이 무상합니다.
어느덧 제자들도 꼰대가 되어 저에게 아랫동네 진료를 받으러 왔다가 보여준 대기실의 한 장면입니다.
이제 구순(九旬)을 넘기신 교수님!
환자이기 전에 사부님 같은 마음으로 10여 년간 건강관리를 해드리고 있었지요.

바로 광부, 간호사들의 독일 파송사업을 일구어낸 한국산업개발연구원장 백영훈(白永勳) 박사입니다. 아호가 연암(研巖)입니다.
아호처럼 바위를 갈고 닦듯, 한강의 기적을 조각한 선생님입니다.
환자와 의사 관계를 떠나 이제는 말동무가 됩니다.
잠깐이지만 독일에서 공부한 적이 있어 저랑 의기상통합니다.
환자이기 전에 언제나 선생님으로 모십니다.
반세기 넘게 이 나라 경제개발을 이끄신 분이다 보니 한 마디 한 마디가 역사 교과서입니다. 이야기들이 너무 재미있다 보니 10분, 20분이 지나도록 빠져듭니다.
외래 간호사가 기다리는 환자들이 많다고 눈짓을 해야 겨우 끝냅니다.

가난이 유죄

어느 날 진료가 끝날 무렵, 느긋하게 세상 돌아가는 이야기를 하다 광부와 간호사들 독일 파견 이야기가 나옵니다.
소설이 따로 없는 눈물겨운 사연을 듣습니다.
1961년 겨울, 텅 빈 국고(國庫)를 보며 한숨짓던 혁명정부는 상공부 장관을 단장으로, 독일 정부에 돈을 빌리러 교섭단을 파견합니다. 독일 박사인 선생님이 통역을 맡게 되었답니다.
해외 차관을 관리하는 막강한 서독의 경제장관이 세계 최빈국의 하나인 한국에서 온 교섭단을 만나줄 리가 없지요.

패전으로 완전 파괴된 독일을 일으켜 단시간 내에 '라인강의 기적'을 만든, 에르하르트 박사가 경제장관이었답니다. 훗날 서독의 총리까지 지낸 유명한 경제학자랍니다.

통역관인 선생님이 나설 수밖에 없더랍니다. 에르하르트 장관의 동문이자 절친인 지도교수에게 읍소를 해도 절레절레입니다. 이번에는 부인에게 눈물의 호소를 합니다. 근엄한 지도교수도 부인에겐 약하더랍니다.

겨우 경제부 차관을 만나게 해줍니다. 어렵게 어렵게 3,000만 달러의 상업 차관을 얻어냈답니다. 요즘 같으면 웬만한 기업의 한 달 매출밖에 안 되는 푼돈이지만 당시로서는 나라의 운명이 걸린 큰돈이었답니다.

10년 가뭄에 단비였답니다.

차관이 결정된 그날 교섭단원들은 얼싸안고 만세를 부릅니다. 한심한 나라의 경제를 꿰뚫고 있던 선생님은 흐르는 눈물을 멈출 수가 없었답니다.

산 넘어 산입니다.

워낙 가난한 나라이다 보니 지급 보증할 은행이 없더랍니다. 돈에는 닳고 닳은 은행이 담보도 없는 가난뱅이한테 돈을 꾸어줄 리가 없지요.

같이 공부했던 노동부 과장에게 하소연을 합니다.

제갈량 같은 지혜를 짜내더랍니다.

"지금 독일은 노동인력이 부족한데, 특별히 산업의 근간이 되는 석탄을 캐는 광부들이 모자란다! 5,000명만 보내주면 임금으로 담보를 설정할 수 있다!"

한술 더 떠서 급속한 경제발전으로 병원도 우후죽순으로 늘어나는데 간호 인력도 필요하답니다.

당시 도시든 농촌이든 실업자가 지천인 판에 몇 만 명도 문제없다고 큰소리를 쳤답니다.

광부, 간호사의 독일 파견은 선생님의 지극한 나라 사랑이 이루어낸 전설입니다.

아주 다행한 것은 한국 광부들과 간호사들의 근면성, 질서의식, 인간성에 감동한 독일의 언론들이 연일 기사를 내보냈답니다. 동양의 쬐그만 나라가 우쭐한 독일인들에게 박수를 받습니다.

3년이 흐릅니다. 한국 근로자들의 헌신에 감동한 독일 정부는 군 출신 대통령을 국빈 자격으로 초청합니다. 개국 이래 최초의 국빈 방문이었답니다.

선생님은 또다시 통역관으로 발탁이 됩니다.

국가든 개인이든 '가난은 유죄'랍니다. 호사다마입니다.

금쪽같은 돈 5만 달러나 주고 미국 노스웨스트항공의 비행기를 빌리기로 했는데 군사정부를 삐딱하게 본 미국 의회가 임대를 거절했답니다.

선생님이 또 총대를 멥니다. 이번에 특사 자격이랍니다.
전 총리와 함께 독일로 가 어렵게 대통령을 만납니다.
"우리 대통령이 타고 올 비행기가 없다. 부자 나라이니 비행기를 제공해줄 수 없는가?"
부글거리는 자존심으로 가슴속에는 분노의 눈물이 흘렀답니다.
체류가 끝나기 사흘 전까지 연락이 없어 애가 바싹바싹 탔답니다.
"나 그때 오줌 쌀 뻔했어!"
얼굴은 파안대소인데 눈가가 살짝 젖습니다.
떠나기 직전에야 루프트한자 비행기를 보내주기로 허가가 납니다.
또 한 번 가슴을 쓸어내립니다.
일국의 대통령이 일반인이 타는 상용노선을 타고 돌고 돌아 28시간 만에 독일을 방문합니다. 초라한 국빈방문이었답니다.
선생님의 감동적인 이야기가 계속됩니다.

라인강과 조국 근대화

경제를 모르던 군인 대통령의 독일 방문은 역사적인 의미가 있었답니다. 철저히 파괴되었던 독일을 살려낸 라인강의 기적을 샅샅이 본 것이랍니다.
조국 근대화의 큰 그림이 대통령의 머릿속에 그려졌답니다.
고속도로 건설, 제철산업, 수출입국… 같은 경제 5개년 계획들이 차곡차곡 입력이 되었던 것입니다.
나라의 운명을 바꾸는 독일 방문이었답니다.
그 중심에 선생님이 있었습니다.

10여 년 전 이야기입니다.
선생님께서 초청장을 하나 주면서 꼭 와야 된답니다.
독일대사관과 함께하는, 이름하여 '독일마을 건설사업' 설명회입니다.
양평에 3~4백 세대의 아파트와 주택을 짓고 주한 독일인의 거주 공간을 만들겠답니다. 독일식 빵집, 식당, 심지어 옥토버페스트(Oktoberfest : 독일의 맥주축제)도 열겠답니다. 독일의 대기업 연구소도 유치하겠답니다.
벽오동 심은 뜻이 있더라구요.
155마일 휴전선을 따라 한국전쟁 때 유엔군으로 참전했던 저개발국들의 기술교육센터를 짓고 싶답니다. 선진국들의 연구소들도 유치해서 깔아놓겠답니다.
이쯤 되면 감히 북쪽에서 불장난을 못할 거랍니다.
탱크 몇천 대보다 더 강력한 방위태세를 갖출 거랍니다. 완전 다국적 방위 태세랍니다. 자나 깨나 나라 사랑입니다.
아쉽게도 그 다음 정부에서 이 계획은 사라집니다.
선생님께서 이끌어낸 광부, 간호사들의 독일 파견은 그야말로 조국 근대화의 단초가 되었고 한강의 기적을 일군 방아쇠였습니다.
2023년은 광부, 간호사 파독 60년이 되는 해입니다.
7천여 명의 광부들이, 1만여 명의 간호사들이 생면부지의 나라 독일로 건너갔습니다. 10년 넘게 고국에 보낸 돈이 2억 달러가 넘는답니다. 피와 땀과 눈물로 젖은 외화였답니다. 조국 근대화의 종잣돈이었답니다.
그들은, 그녀들은, 애국자들이랍니다.
이제 모두 파파 할아버지 할머니가 되었습니다. 많은 분들이 저세상으로 떠났습니다.
그들의 헌신으로 나라의 팔자가 바뀌었답니다. 그들 덕분에 수많은 형제자매들이, 자식들이, 고등교육을 받을 수 있었답니다.
그들은 진실로 위대한 아버지들이었고 어머니들이었습니다.
그들의 대부(代父)로 불렸던 백영훈 선생님!
일제, 전쟁, 혁명, 보릿고개로 지칠 대로 지친 조국을 근대화로 이끈 산신령 같은 은인이 아닐 수 없습니다.

이런 아버지도 있습니다

4~5년 전쯤 되려나?
퇴근 무렵 훤칠한 중년의 신사가 진료실로 들어옵니다.
민망할 정도로 큰절을 합니다.

기억하실는지 모르겠습니다만 아무개 환자의 아들이랍니다.
영문 명함을 줍니다. 캐나다 어느 대학의 교수입니다.
엊그제 아버지 장례를 치렀답니다.
어머님께서 간곡히 부탁을 하더랍니다. 아버지를 이제까지 살리신 분이라고 출국 전에 저를 찾아뵙고 인사를 해야 한다고 말씀하셨답니다.
인터넷을 뒤져 저의 거처를 찾아냈답니다. 아드님의 이야기 중에 독일 광부 이야기가 나옵니다.
언뜻 뇌리에 스치는 환자가 있습니다.
잊지 못할 환자였습니다.

타임머신을 탑니다.
1990년대 말쯤 되려나?
창백한 얼굴, 가냘픈 몸매, 병색이 완연한데 잔잔한 미소, 선한 눈빛에 처음부터 호감이 갑니다.
인지상정이지요. 따뜻한 인상에는 따뜻한 정이 따르지요. 척하면 삼천리입니다. 홀쭉한 체격이라 왼쪽 옆구리에서 커다란 혹이 쉽게 만져집니다. 철저한 검사를 거쳐 왼쪽 신장암으로 진단이 내려집니다.
칼잡이 의사들에게 뚱보는 질색입니다.
마른 체격은 절제, 지혈, 봉합 모든 절차가 쉽기 마련입니다. 종양으로 작은 참외만하게 커진 왼쪽 신장을 들어냅니다. 아주 다행한 것은 주위 조직으로 퍼진 흔적이 없습니다.
놀랍게도 환자는 자신의 현실을 그대로 받아들입니다.
궁금한 게 많을 텐데 질문 하나 없습니다. 왠지 모르게 환자에게 반합니다.
의사의 중요한 지시사항은 수첩에 받아 적습니다. 꼼꼼하기 그지없습니다. 정성이 따를 수밖에요.
워낙 대수술이다 보니 출혈이 많았는데도 용케 이겨냅니다.
회진 중에 우연히 환자가 보는 잡지가 눈에 띕니다. 독일의 시사주간지 〈슈피겔(Der Spiegel)〉을 보고 있더라구요. 호기심이 발동합니다.
회진 팀들을 내보냅니다.
조직검사 결과를 설명합니다. 주위 조직이나 임파선으로 전이된 흔적이 없으니 천만다행이라고 좀 부풀려서 희소식을 전합니다.
미소가 돌아옵니다. 암 환자에게 희망과 투병 의지는 웬만한 항암제보다 효과적일 때가 있지요.
괜히 부정적인 표현은 환자에 겁만 줄 뿐만 아니라 암세포를 춤추게 하거든요.
한마디 합니다.
"독일어 잘하시나 봐요!?"
이심전심인지 입이 조금씩 조금씩 열리더라구요. 소설 같은 환자의 삶이 흐릅니다.

놀랍게도 서독 광부 출신입니다.

불면 날아갈 것 같은 저 야리야리한 몸으로 지하 1,000m 막장까지 내려가 석탄을 캤다니 도무지 감이 잡히질 않습니다.

5남매의 장남이랍니다.

그야말로 '찌장회' 회원이더라구요.

제자의 서클 이름입니다.

한국적인 냄새가 진한 아주 재미있는 신조어입니다. '찌질이도 가난한 집안의 장남들 모임'이란 뜻이랍니다.

고졸 출신의 면서기로 동생들 학비에다 1남1녀까지 둔, 가장 노릇 하느라 너무나 힘이 들었답니다. 근무지가 광산촌이었답니다. 독일 광부 지원자들의 서류를 작성해 줍니다. 일찍 떠난 파독 광부들의 송금 액수를 보니 말단 공무원들은 상상할 수도 없는 엄청난 금액이더랍니다.

몇 날 몇 밤을 뒤척이다 용단을 내립니다.

'가자! 독일로!'

광산촌이라 들은 풍월은 있어 용케 선발 시험을 통과합니다.

죽을 고비를 수도 없이 넘겼답니다.

동료가 채탄작업 중 사고로 죽는 모습도 보았답니다.

그래도 신이 나는 것은 당시로서는 엄청난 외화를 집으로 보낼 수가 있었답니다. 동생들 학비를 내고도 저축을 할 수 있었답니다.

마르크 동전 하나 허투루 쓴 적이 없답니다. 비록 체격은 작아도 워낙 열심히 하다 보니 독일인들이 손을 내밀더랍니다.
공무원답게 독일어 공부도 열심히 했답니다. 독일인들과의 소통이 조금씩 조금씩 늘어갑니다.
2년 만에 막장에서 사무실 근무로 옮겨줍니다. 임기가 종료되고도 2년을 연장시켜줍니다.
가장 큰 소득은 서구 문명에 눈을 뜬 것입니다.
단단히 작심을 합니다.
자식들은 무슨 수를 써서라도 해외유학을 보내기로 합니다.
1978년인가 독일 생활 5년 만에 귀국을 합니다.
눈물의 5년이었답니다.
너무 힘들어 막장에서 흘린 눈물! 올망졸망 커가는 아이들 생각으로, 아내에 대한 그리움으로, 정화수 떠 놓고 합장하는 홀어머니 생각에, 눈물 마를 날이 없었답니다.
막장 일이 너무나 힘들어 흘리는 땀과 눈물로 수건은 언제나 시커멓게 물이 들었답니다.
알뜰한 아내의 살림 덕에 동생들도 학업을 마칩니다. 큰 애도 벌써 초등학생이 되었더랍니다.
고진감래입니다.
아내는 남편의 땀과 눈물로 보내오는 외화를 차곡차곡 저축을 합니다. 부창부수입니다. 당시로서는 엄청 큰돈을 모아놓았더랍니다.

읍내에 작은 가게를 마련합니다. 소원이었던 책가게를 엽니다.
한때 말단이었지만 공무원 노릇 한 게 큰 도움이 되었답니다. 많은 읍민들이 찾아주었답니다.
남매를 중학교 때부터 서울에 유학을 시켰답니다. 잘 자라주었답니다.
둘 다 미국으로 보냈답니다.
환자가 제 손을 잡습니다.
참았던 눈물이 제 손등을 적십니다.
4~5년만 더 살게 해달랍니다.
큰 애가 박사가 될 거랍니다. 자식 교육이라면 죽기 살기인, 역시 '조선의 아버지'입니다.
저도 소원을 곁들여 큰소리를 칩니다.
"백수(百壽)! 문제없어요!"
"제가 지켜드릴게요!!"
눈물 젖은 얼굴이 잔잔한 미소로 바뀝니다.

인사차 들른 아드님의 한마디에 기절을 합니다.
그 큰 수술을 받으시면서도 온 가족들에게 정색을 하며 엄명을 내렸답니다.
"미국에 있는 아이들에게 절대 알리지 마라!"
생사가 달린 대수술을 받으면서도 행여 아들의 공부에 지장을 줄까 봐 비밀에 부친 것입니다.

'세상에 이런 아버지'도 있습니다.

박사학위를 받고서야 삼촌한테 아버님의 암 수술 이야기를 들었답니다.

참으로 대쪽 같은 아버지랍니다.

엄청 약골인 아버님이신데 그 무서운 암을 낫게 하셨다니 너무나 감사하답니다. 입원을 하고 수술하는 그 두려운 순간에, 아버님 곁을 지켜 드리지 못했으니 불효자식이랍니다. 자기는 아들 자격이 없답니다.

마음에서 우러나는 감사의 절을 합니다.

고맙다고 조아리는 아드님의 눈에서 큰 물방울이 구두에 떨어집니다.

한마디 합니다.

"부친께서는 몸은 약골이지만, 강골(强骨)의 삶을 사신 분이세요."

"고인은 제가 본 이 시대 최고의 아버지입니다!"

조국 근대화를 이끌었던 '아버지들'이 하나둘 저세상으로 갑니다.

슬퍼하는 이도 없습니다.

알아주는 사람도 없습니다.

진정 애국자들인데 말입니다.

청계천은 흐른다

30여 년 동안 청계천 상인들의 삶을 지켜보아 왔습니다. 진실로 세계 최고의 명품 상인들입니다. 참으로 묘한 분들입니다.

사람의 팔자만 기구한 게 아닙니다. 강에도 개천에도 파란만장한 팔자가 있더라구요.

한강의 기적을 들여다봅니다.

1900년, 조선이 거덜 나기 직전 국고를 털어 우여곡절 끝에 한강에 철교가 부설됩니다. 이 나라 최초의 쇠로 만든 다리입니다. 곧이어 인도교도 놓여집니다. 문명개화(文明開化)의 시작이었지요.

50년이 지납니다.

기구한 팔자입니다. 동족상잔의 전쟁이 터집니다. 한국 근대사의 상징이었던 한강다리를, 글쎄 우리 손으로 폭파하다니….

한강철교, 인도교, 광진교, 모두가 날아갔습니다. 한강다리 폭파 와중에 피난민 1,000명이 물귀신이 됩니다. 이루 다 헤아릴 수 없는 백성들이 폭격으로, 북한군의 학살로 죽거나, 저들의 손에 묶여 동토의 땅으로 끌려갔습니다.

그 지긋지긋했던 전쟁이 끝납니다.

우리의 영민한 백성들 허리띠를 졸라매고 몸부림을 쳤습니다.

전 세계를 들입다 누비며 가발을, 봉제품을 팔러 다닙니다. 열사의 땅으로 달려가 중동건설이라는 신화를 창조합니다.

사나웠던 한강의 팔자가 확 바뀝니다.

군인 출신의 대통령이 '한강종합개발'이라는 원대한 계획을 군대식으로 밀어붙입니다. 오염 투성이의 한강을 살려냅니다.

수질 개선을 위해 한강의 지류까지 말끔히 정리를 합니다.

양쪽 강변에는 시원한 고속도로가 뚫리고 널찍한 강변 공원이 조성됩니다.

맨땅에 헤딩하기 60여 년 만에 한강에는 무려 33개의 다리가 놓이고 유람선이 다니는 강이 됩니다.

세계가 '한강의 기적'이라고 엄지척을 합니다.

한강의 팔자가 필 대로 핀 것입니다. 장원급제를 한 것이지요.

청계천 '팔자'

강에만 팔자가 있는 줄 알았는데, 팔자가 드센 개천이 하나 있더라구요.

바로 청계천의 팔자입니다.

한양도성의 중심을 관통하는 이 개천은 600여 년간 서울의 역사를 조명하는 역사 교과서이기도 합니다.

나라의 흥망성쇠와 운명을 같이한 하천입니다.

원래 개천(開川)이라 불렸던 하천을 일본인들이 그럴듯하게 청계천(淸溪川)이라고 개명을 했는데, 인왕산 쪽 상류의 청풍계천(淸風溪川)에서 따온 것이랍니다.

역사에는 문외한이라 조선시대 청계천의 지리와 역사에는 깜깜무식이지만 일제, 광복, 전쟁, 군사혁명, 경제개발을 거치는 동안 청계천의 변화는 기구한 사람 팔자 저리 가라입니다.

일제강점기에는 민족의 거리 종로와 일본인들의 소굴이었던 혼마치(本町 : 지금의 명동 일대) 사이의 국경 같은 비극적인 존재였답니다.

상인들은 상인들끼리, 장군의 아들 같은 주먹들은 주먹들끼리 청계천을 사이에 두고 으르렁거렸답니다.

전쟁이 끝나고 쑥밭이 된 서울에 방방곡곡으로 흩어졌던 피난민들이 다시 돌아옵니다. 북한을 탈출해 월남한 실향민들도 서울로 서울로 모여듭니다.

청계천 주변 부지는 영세 상인들의 삶의 터전이 됩니다.

청계천변에는 판잣집, 천막, 각목 위에 얼기설기 세운 수상가옥 같은 가게들이 다닥다닥 들어섭니다.

개천에는 생활하수, 산업폐수, 쓰레기가 넘쳐나고 악취가 진동합니다. 모기와 파리의 소굴이 됩니다.

휴전 후인 1955년, 비틀거리던 정부는 임시방편으로 청계1가부터 시멘트로 덮어가기 시작합니다. 예산이 확보되는 대로 띄엄띄엄 복개공사를 이어갑니다. 1961년에는 동대문 옆 청계6가까지, 1967년에는 청계8가까지, 1977년이 되어서야 신답철교까지 청계천을 다 덮어버립니다.

아예 청계천이 사라진 것입니다. 그 자리에 도심을 관통하는 도로를 깝니다. 야심찬 군사정부는 시원하게 뚫린 청계천 복개도로 위에 날개를 답니다.

1971년, 복개된 도로 위에 당시로서는 파격적인 청계고가도로를 건설합니다.

서울의 치부였던, 환경오염의 상징이었던 청계천 주위에 빼곡히 들어섰던 판잣집, 천막 같은 가건물들은 군대식으로 철거하고 현대식 건물들이 들어섭니다. 청계천, 아니 서울이 환골탈태를 한 거지요.

복개된 청계로와 고가도로 위에는 수만 대의 차량들이 쏜살같이 달립니다. 청계천 일대에 터를 잡았던 철거민들은 봉천, 상계, 성남으로 강제 이주를 당합니다. 서울의 어두운 그림자가 된 달동네의 탄생입니다.

청계천이 덮이면서 들어선 상가들은 이 나라 도시산업 근대화의 견인차가 됩니다.

의류, 신발, 공구, 조명 등… 집단 상가들은 수출 산업의 큰 몫을 합니다.

청계천의 팔자가 상팔자가 된 것이지요.

세월이 흐르면서 도심을 관통하는 고가도로 아래 위로 몇십만 대의 차량이 달리고 수만의 인파가 몰리다 보니 소음, 대기오염으로 몸살을 합니다. 곳곳에서 붕괴의 조짐도 보이기 시작합니다.

주한미군은 청계고가도로의 운행을 금지시킵니다. 붕괴 위험을 감지한 것이지요.

청계천의 복개와 고가도로의 관통에 박수를 보냈던 시민들의 눈초리도 점점 싸늘해집니다. 삶의 질이 높아지면서 환경오염에 대한 눈을 뜬 것이지요.

토목공사의 달인 출신 시장이 용단을 내립니다. 노가다(土方 : 건설인을 비하하는 일본어)답게 고가도로를 철거하고 청계천을 덮었던 콘크리트 구조물을 확 걷어내기로 합니다. 청계천을 자연 하천으로 바꾸는 대역사(大役事)를 해냅니다.

기발한 착상이었지요.

자양동 취수장에서 취수한 한강물과 지하철역 주위의 지하수를 끌어들여 쉬지 않고 일정한 수량을 유지하면서 냇물을 흐르게 합니다. 버들치, 잉어가 돌아오는 생태하천이 된 거지요.

콘크리트로 덮였던 청계천 팔자가 다시 한번 활짝 핀 것입니다.

흐르는 맑은 냇물에 주변 고층건물의 형형색색 네온이 비칩니다. 루미나리에 같은 빛의 축제도 열립니다. 젊은 연인들이 손잡고 모여듭니다. 악취와 오염의 청계천이 자연 하천으로 부활한 것이지요. 꼭 50년 만에 죽었던 청계천이 환생을 한 것입니다.
청계천을 살려낸 시장은 이 공사를 계기로 팔자가 급상승하더니 훗날 대통령이 되는 상(上)팔자가 됩니다.
기구하지 않으면 팔자가 아니잖아요! 끝에는 급전직하 감방 행이라는 하(下)팔자가 되더라구요.
인생무상(人生無常), 팔자무상(八子無常)입니다.

각설하고,
제가 살아온 삶을 돌이켜봅니다.
불가에서 말하는 전생의 인연인지 제 팔자에서 청계천은 지울 수가 없더라구요.
여섯 살 코흘리개가 아버지 등에 업혀 칠흑 같은 어둠을 뚫고 한탄강을 건너 삼팔선을 넘습니다. 신설동에 터를 잡고 창신 학교를 다닙니다.
청계천, 경마장(원래 신설동에 있었음), 동대문운동장이 놀이터였습니다.
그중에도 청계천의 물장난을 잊을 수가 없습니다. 하루종일 구정물에 수없이 옷을 버렸고 어머니한테 볼기도 많이 맞았습니다.

이게 저의 청계천 팔자의 시작입니다.
광란의 전쟁이 터집니다. 아버지를 잃습니다.
6·25 피난살이, 네 번이나 초등학교를 전전합니다.
대전 찍고 부산을 돌아 홀어머니의 극성으로 숱한 고생 끝에 의사가 되어 서울로 돌아옵니다.
15년 만에 긴 방랑생활을 끝내고 귀향을 한 것입니다. 그때 이미 도심의 청계천은 시멘트로 덮이고 사라진 때였습니다.

청계천 탈출

다시 10년이 흐릅니다.
인턴, 레지던트, 군의관을 거쳐 연세의대 칼잡이과 훈장이 됩니다.
삼십을 훌쩍 넘긴 늙은 총각은 참한 색시를 만나 장가를 갑니다.
통장 탈탈 털고 은행 빚까지 내어 신접살림을 차립니다. 그것도 전세로 말입니다. 간신히 사글세 신세는 면했지요.
바로 청계천8가의 상가아파트였습니다.
아마도 이 나라 최초의 주상복합 건물이었고, 우리 집이 6층이다 보니 코밑에 청계고가도로가 지나갑니다.
발꼬랑내 나는 노총각을 면한 것만도 대견한데 26평이나 되는 맨션(?) 아파트에 신접살림을 차렸으니 늙은 신랑은 매일매일 '꿈인지? 생시인지?'입니다. 역마살에 끌려다니던 저의 삶이 모처럼 안

식을 찾은 것입니다.

청계천에서 팔자를 고친 것이지요.

호사다마(好事多魔), 맞는 말입니다. 얼마 지나지 않아 신혼의 단꿈에서 깨어날 무렵 남의 나라 이야기로만 알았던 소음, 먼지, 매연 같은 환경오염의 공포를 겪기 시작합니다.

아침에 걸레질한 거실이 한나절도 안 되어 양말을 검게 물들입니다. 식탁도 온전할 리가 없지요. 착한 새댁은 하루종일 닦고 씻는 것이 일과입니다.

먼지쯤은 저리 가라입니다.

소음공해는 훨씬 더 강적이더라구요. 당시 청계고가도로 위에는 버스도 다녔습니다. 버스가 달리거나 갑자기 정차를 하면 창문까지 흔들립니다. 경적 제한 같은 교통법규는 있지도 않을 때입니다. 마구 울리는 경적과 엔진 소리에 잠을 이룰 수가 없습니다.

훌쩍 1년이 지나 첫딸이 태어납니다. 지독한 매연, 먼지, 소음공해 속에 갓난아기를 키울 생각을 하니 난감합니다.

창문도 열 수가 없습니다. 창문을 열면 쏟아지는 소음과 경적소리에 갓난아기가 경기를 합니다.

비 오는 날을 기다립니다. 매연과 먼지가 무서워서입니다.

통행금지 사이렌 소리를 손꼽아 기다립니다. 마구 울리던 경적과 소음이 사라지기 때문입니다.

싼 게 비지떡이란 말 맞는 말입니다. 어쩐지 아파트 임대료가 터무

니없이 싸더라구요.

이유기에 따른 잔병치레이련만, 아내는 아기가 감기만 걸려도 환경 때문이라는 강박관념에 빠집니다.

아내의 성화가 이만저만이 아니었지요.

절체절명의 목표가 정해집니다. 청계천 탈출이 그겁니다.

가난한 훈장의 지갑으로는 당시 우후죽순처럼 개발되던 강남의 아파트는 그림의 떡일 뿐입니다.

천신만고 끝에 은행 빚까지 잔뜩 짊어지고 보무도 당당히 강남으로 터를 옮깁니다.

아내와 함께 만세를 부릅니다. 끔찍했던 저의 청계천 팔자가 끝난 줄 알았지요.

사람 팔자, 귀신도 모릅니다

죽기 살기로 청계천을 탈출한 지 불과 4개월 만에 근무처가 신촌 세브란스병원에서 청계천이 지척인 동대문 이대병원으로 '강제 이주'를 당합니다.

하루아침에 팔자가 바뀌더라구요. 대낮에 맞은 날벼락이었지요.

유신(維新)이란 정치 파동으로 교수 재임용이라는 전대미문의 사건이 대학가를 뒤흔듭니다. 사실은 반(反)정부 교수들을 솎아내기 위한 정책인데 일부 대학에서는 학교 발전에 가시가 되는 교수들도 핑게 김에 쫓아냅니다.

일부 야간 개업으로 재미를 보던 의대 교수들도 잘립니다.

대학사회가 졸지에 풍비박산입니다. 당시 으스스하던 중앙정보부가 벌이는 정책이니 모든 게 쉬쉬하면서 진행됩니다.

이대병원의 유명무실했던 비뇨기과도 무주공산(無主空山)이 됩니다.

원래 연세대학교와 이화여자대학교는 같은 기독교 대학이라 자매대학 같은 사이니 어쩔 수 없이 동대문 이대병원으로 강제 발령을 받습니다.

그때 나는 연세대학의 지원으로 미국 유학이 결정되어 아내와 함께 자동차학원까지 다니고 있던 와중에 날벼락을 맞은 것입니다.

주임교수의 격렬한 반대도 정치적인 사건이라 어쩔 도리가 없더라구요.

동대문 바로 옆 언덕 위에 세워진 역사 깊은 대학병원입니다.

제 진료실이 동대문 쪽을 향하고 있다 보니 창문만 열면 동대문 네거리를 건너 청계로와 고가도로가 손에 닿을 듯합니다.

심사가 쓰디씁니다.

불과 넉 달 전, 만세 부르며 청계천을 탈출했는데 다시 돌아오다니! 그것도 강제로….

팔자도 이런 팔자가 없습니다.

첫 출근 하자마자 원무과장과 새로 꾸며야 할 외래를 돌아봅니다.
제일 먼저 지시한 게 창문 공사입니다.
철저히 방음장치를 하고 먼지를 막을 수 있는 창틀 설치를 부탁합니다. 철제 블라인드 커튼까지 마련합니다. 매연과 소음공해를 호되게 겪었잖아요.
매연이란 게 무섭더라구요. 아침에 입은 하얀 와이셔츠가 퇴근해 보면 옷깃이 거무칙칙해집니다.
청계천6가 네거리를 건너 출근을 하고 퇴근을 합니다.
매일 창문을 통해 청계로와 고가도로를 보면서 일과를 시작했습니다.

곰곰이 계산을 해봅니다.
1976년 이대동대문병원에서 비뇨기과를 열고 교실을 창업한 이래 2005년 정년퇴임할 때까지 30년간 연인원 40만 명 가까이 환자를 진료했더라구요.
아마도 그중 10만여 명은 청계천상가, 동대문 일대의 상인들이었을 것입니다.
30년이란 긴 세월, 청계천과는 떼려야 뗄 수 없는 팔자가 된 것입니다.
병원이 청계천, 동대문상가와 붙어 있다 보니 지역 상인들과 그 가족들이 환자의 주류를 이루게 됩니다.

더구나 모질지 못한 성격에다 38선을 넘은 처지여서인지, 그들 말대로 삼팔따라지 상인들에게는 연민의 정을 느끼게 되더라구요. 친절이 몸에 뱁니다.
그래서인지 동평화, 서평화, 흥인상가 일대의 상인들 사이에서 이대병원 권 아무개는 꽤 알려진 의사가 됩니다.

에누리 의사

'아! 옛날이여!' 같은 일화를 씁니다.
여자대학병원에서 비뇨기과 교실을 열자니 맨정신으로는 안 되겠더라구요. 적 해안에 상륙하는 해병대의 투혼으로 달려듭니다.
우선 비뇨기과 전문의 수련 자격을 얻는 게 급선무입니다.
연간 일정한 환자 수, 내시경 건수, 수술 건수를 채우고 학회의 심사를 거쳐야 전공의를 교육시킬 수 있는 자격을 얻게 됩니다.
대학병원의 필수과정이지요.
피부비뇨기과로, 또는 성병과로 잘못 인식되었던 시절입니다.
여자대학병원에서 외과 분야인 비뇨기과를 제대로 창업을 하자니 누구 말대로 달걀로 벽돌치기였지요.
결석이건, 암이건, 외상이건, 째야 할 환자가 오면 신주 모시듯 합니다. 수련병원 자격을 얻기 위해 환자 한 분 한 분이 금부처입니다.
그런데 말입니다.

국민개보험(國民皆保險)이 없었던 시절이라, 가난한 서민들에게는 수술, 입원이란 말만 들어도 청천벽력이었지요.

웬만한 수술 한 번 했다 하면 작은 집 한 채 값이 드니 서민들은 엄두도 낼 수가 없습니다.

청계천 상인들, 지독한 분들입니다.

방광 결석으로 소피가 막히고 요로결석으로 데굴데굴 구르면서도 입원을 권유하거나 수술을 이야기하면 답은 언제나 한결같습니다. "기딴 거 안하갔시오…." "약이나 몇 첩 주시구레!"가 다입니다.

수술 한 건 한 건이 아쉬울 때니, 애원하다시피 달래고 달랩니다. 요지부동입니다. 불쌍하게도 이 키다리 의사에게 환자는 언제나 상전입니다.

장사꾼들의 신조는 뭐니 뭐니 해도 '에누리'입니다.

치료비를 깎아주는 게 설득의 끝입니다. 허구한 날, 병원 CEO인 원장과 실랑이를 합니다.

입원 비용을 반으로 깎아달라고 떼를 씁니다. 병원 망한다고 펄쩍 뜁니다. 천사 같은 우리 원장님 한 번도 거절한 적이 없습니다. 정이 살아 있던 요순(堯舜) 시절이었지요.

오죽하면 원장이 붙여준 제 별명이 DC 닥터(Discount Doctor : 에누리 전문의사)였습니다.

청계천 동대문상가 상인들 간에 이대병원 권 아무개는 치료비까지 에누리해 주는 후한 교수라는 입소문이 퍼집니다. 아랫동네가 이상하면 무조건 동대문병원 권 아무개를 찾습니다.
장사건 병원이건 '박리다매'는 경영의 기본이더라구요.
과장 회의에 들어가면 각과의 수입이 일목요연하게 공개됩니다.
맨날 꼬라비이던 비뇨기과의 실적이 천정부지로 급상승합니다. 치료비 깎아줄 때마다 퇴박하던 원장의 얼굴에도 미소가 번집니다.
수입이 늘어나니 새로운 장비도 곧잘 사줍니다.
천신만고 끝에 1년 만에 수련병원 자격을 얻고 전공의들이 들어옵니다. 그것도 여자대학병원에서 말입니다. 모두들 기적이라고 제 어깨를 두드립니다. 교수도 충원이 됩니다.
번듯한 대학병원 비뇨기과교실이 탄생합니다. 약관 38세의 풋내기 교수가 일구어낸 성취입니다.
청계천, 동대문 상인들의 덕을 톡톡히 본 것이지요.
세월이 지나면서 친구 같은 환자들이 늘어나는데 대부분 청계천 상인들입니다. 어쩌다 흥인상가나 동대문시장 골목을 지나다 보면 사방에서 인사를 합니다.
쇠주 한 고뿌(컵의 일본식 발음) 하자는 분들이 늘어납니다.
한복 곱게 차려입은 포목점 아주머니도 인사를 합니다. 생선구이집 할머니도 밥 먹고 가라고 소매를 잡더라구요.
돌이켜보니 제 팔자에서 청계천은 빼놓을 수가 없습니다.
부언(附言) 하나 할게요.
줄지어 찾아준 이분들 덕분에 여자대학의 비뇨기과가 일취월장,

2022년 3월 이 나라 최초의 비뇨기 전문병원으로 우뚝 섭니다. 금자탑을 쌓은 후학들이 너무나 자랑스럽고, 이 탑의 초석이 되어준 청계천 사람들이 더욱 그리워집니다.

망향병 환자들

30여 년 동안 청계천 상인들의 삶을 지켜보아 왔습니다. 진실로 세계 최고의 명품 상인들입니다. 참으로 묘한 분들입니다.
그들을 현미경으로 들여다봅니다.
그들은 티를 내지 않습니다.
군복을 물들여 입거나 허름한 점퍼 차림입니다. 가게라야 손바닥만합니다. 쌓인 포목도 별로이고 점원도 한두 명입니다. 그런데 쬐그만 가게 주인이라고 얕봤다간 큰코다칩니다. 원단이나 포목 같은 진짜 상품은 황학동, 신설동, 창신동 주택가의 여염집 같은 창고에 산더미처럼 쌓아 놓고 뒤에서 거래를 합니다.
세무서에서도 알 턱이 없습니다. 꾀제제한 차림이지만 큼직한 손가방 속에는 어음과 수표가 수북한 거상(巨商)들인데도 말입니다.
그들은 지독한 구두쇠들입니다.
38선을 넘어올 때를, 끼니조차 때우지 못했던 피난시절을 잊을 수가 없습니다. 먹는 것도 장국밥, 짜장면, 장터국수가 다입니다. 믿을 건 오로지 내 지갑, 내 통장이라는 강박관념에 빠진 분들입니다. 대학병원의 치료비까지 에누리하자고 덤벼드는 장사꾼들입니다. 베니스의 상인은 저리 가라입니다.
그들은 북청 물장수의 후예들인 '니북(以北)' 사람들입니다.
자식들 교육열 하나는 가히 세계적입니다. 지독한 자린고비들인데, 놀랍게도 자식들 교육비는 절대 아끼지 않습니다. 등록금, 학원비, 책값은 무제한 지출입니다. 가게를 쪼개서라도 등록금을 대주는 사람들입니다.
그 비싼 달러를 야금야금 사 모아 아이들을 해외로 유학을 보냅니다. 유대인들도 놀라 자빠질 겁니다.
그들은 심한 망향병 환자들입니다.
사실 떠나올 때 고향의 문전옥답, 무에 그리 대단할 게 있었겠습니까?
그래도 못내 북쪽 고향을 잊지 못합니다. 술이 거나해지면 으레 고향 생각에, 두고 온 가족들이 그리워 눈물짓는 분들입니다.
죽기 전에 고향땅 한번 밟아 봤으면 원이 없겠답니다.
아마도 한 맺힌 고향 탈출이, 눈물겨웠던 피난살이가, 피땀 흘리던 청계천 홀로서기가 망향병을 도지게 한 것이겠지요.

마지막 기도

정년퇴임이 얼마 남지 않은 2003년 7월 어느 날입니다.

출근하자마자 그동안 불문율처럼 잠가 놓았던 창문을 활짝 열고 청계6가 네거리 쪽을 바라봅니다. 드디어 오늘 끔찍했던 청계고가도로의 차량 행렬이 멎었습니다. 청계로와 고가도로의 차량 통행이 멎으니 묘한 적막감이 밀려옵니다.
경천동지의 대역사(大役事)를 시작하는 날입니다.
반세기 만에 기구했던 청계천의 팔자가 확 바뀌는 날입니다.
고가도로가 헐리고 청계천을 덮었던 콘크리트 구조물들이 하나씩 하나씩 벗겨집니다.
그리고 2년이 지납니다.
저의 청계천 팔자도 마감을 합니다.
30년 봉직했던, 청계천 사람들과 함께했던, 이화여자대학교 동대문병원을 떠납니다. 마지막으로 퇴근하는 날, 시원하게 뚫린 청계6가 오간수교(五間水橋)를 걸어서 건넙니다.
정든 청계천을 떠나는 제 팔자!
다시 환생한 청계천의 팔자!
희비가 교차합니다.

노을녘입니다.
오간수교 위에서 맑은 물이 시원하게 흐르는 청계천을 내려다봅니다.
30년간 정을 나누었던 청계천 상인들의 모습이 주마등처럼 흐릅니다.

병원비까지 에누리하는 철저한 상인들!

올 때마다 호떡, 순대 들고 오는 의리의 피안도 사나이!

미국 보낸 아들, 박사 땄다고 기고만장하던 함경도 아바이!

긴 세월 이분들과 함께한 저의 청계천 인생이 마감을 한 것입니다.

잊으려야 잊을 수 없는 추억이 하나 있습니다.

어쩌다 이분들과 술자리를 같이합니다.

아주 재미있는 것은 취중잡담에서도 순서가 있다, 이겁니다.

처음엔 과장된(?) 전투 무용담, 청계천에서의 홀로서기, 자식 자랑으로 신이 납니다.

술이 거나해지면 두고 온 고향 이야기로 넘어갑니다.

몽매에도 잊지를 못할 고향 이야기가 나오면 취기 오른 눈가가 젖기 시작합니다. 죽기 전에 꼭 가야 된답니다.

다음은 헤어진 부모, 형제들 이야기로 넘어갑니다.

너무나 그립답니다.

혼자 월남한 자기는 불효자랍니다. 쥑일 놈이랍니다.

'오마니'가 죽도록 보고 싶답니다.

드디어 소주잔에 눈물이 방울방울 떨어집니다.

망향병에 눈물짓던 환자들이 하나둘 하늘나라로 갑니다.

그들은 이 나라의 도시산업을, 내수경제를, 수출입국을 일으킨 진정한 영웅들입니다.

허리띠 졸라매고 자식들 교육에 올인한 위대한 아버지들입니다.

도심의 불빛이 청계천 냇물에 비칩니다.

그들의 얼굴이 잔잔한 물결 위로 파노라마처럼 떠오릅니다.

청계천 상인 1세대들, 이제 몇 분 남지를 않았습니다.

저는 이분들의 '꿈에도 소원'을 압니다.

영변약산(寧邊藥山)으로 봄나들이를 가고 싶어 했습니다.

개마고원(蓋馬高原)에서 트레킹하고 주을(朱乙) 온천에 가 목욕 한 번 하는 게 소원이었습니다.

원산(元山) 명사십리 해변에서 해수욕하는 게 생전의 바람이었지요.

엎드려 비옵니다.

하늘이여! 저들의 소원을 들어주소서!

30년 만에 청계천을 떠나는 저의 마지막 기도였습니다.

야통(夜通)의 전설

무려 40시간이나 지났습니다. 죽음의 그림자가 어른거립니다. 비뇨기과에 비상이 걸립니다. '라이언 일병 구하기'입니다.

'이유 여하를 막론하고 밤 12시가 넘으면 잠이나 자라!'
'새벽 4시까지는 집 밖으로 얼씬도 하지 마라!'
지엄한 나라의 명령입니다.
일컬어 '야간통행금지령'이 바로 그겁니다.
한국전쟁이 끝나고도 무려 30년간 백성들을 옥죄고 묶은 국법이었지요.
아무리 시대 상황이 그렇다 치더라도 자유와는 언어도단의 국법입니다.
'통금(通禁), 야통(夜通)'으로 불리던 이 악법으로 가장 열 받는 건 술꾼들이었지요. 물론 술집 주인들도 피눈물을 흘립니다. 취기가 올라 한참 매상이 오르는 11시 30분경이면 울며 겨자를 먹으며 손님들을 쫓아내고 문을 닫아야 합니다.

통금과 주당들

통금 시절, 주 52시간 근무니, 최저임금이니 하는 말들은 사전에도 없을 때입니다. 5시, 6시 퇴근은 꿈도 못 꿀 때였지요. 대기업 직원들도 윗사람 눈치 보며 9시, 10시나 돼야 퇴근을 합니다.
중소기업이나 가내공업 같은 직장은 11시나 돼야 퇴근을 시킵니다. 젊은 혈기를 어찌합니까?!
참새가 방앗간을 그냥 지나갈 수 없잖아요?!
고달픈 하루, 윗사람들의 닦달, 쌓이고 쌓인 피로를 풀 길은 그래도 '한 잔'이잖아요? 그런데 늘 그놈의 야통이 발목을 잡습니다.
그뿐이 아닙니다.
자가용, 대리기사라는 말은 사전에도 없던 시절입니다. 대중교통도 열악하기 그지없습니다. 뛰어가든, 기어가든 12시 '땡' 전에 대문을 열어야 합니다.
음주문화도 많은 변화를 겪습니다. "빨리 마시고 얼른 취하고 후딱 집에 가자" 이거지요.
'K-술' 폭탄주도 야통에서 출발했다는 전설이 있습니다. 맥주와 도라지 위스키를 반반씩 섞어 마셨다네요. 한국적인 '빨리빨리' 정신이 만든 칵테일이랍니다.

궁하면 통하더라구요.

야통 시절 대학병원 의사들에게는 통금을 통과하는 비밀의 문이 있었습니다. 요즘 같으면 '갑질'로 뭇매 맞을 짓이었지요.

대학병원의 치프 레지던트(수석 전공의)쯤 되면 앰뷸런스 기사를 신주 모시듯 잘 삶아 놓아야 합니다. 의사도 아닌, 사람도 아닌 전공의들! 하루 종일 이리 치이고 저리 치인 그들에게 무교동의 빈대떡과 막걸리는 사막의 오아시스였지요.

한창 거나하게 마시는데 술집 주인이 나가라고 닦달을 합니다. 야통이 몇 분 남지 않았습니다.

신촌 세브란스병원까지는 택시도 없습니다. 마지막 버스도 끊겼습니다. 어물쩍거리다가는 파출소 신세지요.

병원 구급차 대기실로 전화를 합니다. 당직기사에게 있는 애교 다 부립니다.

"기사장님~! 종각 뒤쪽에서 기다릴게요!"

잔뜩 취한 서너 명의 병아리 의사들이 비틀거리며 부랴부랴 구급차를 탑니다.

통금으로 적막한 거리를 빨간불 켜고 신나게 달려 병원으로 옵니다. 그리고 당직실로 가 코를 곱니다.

당연히 기사장님께는 응급 수송비(?)가 건네집니다.

그런데 말입니다.

통금에 쫓기면서 마시던 막걸리 맛을 잊을 수가 없습니다.

꿀맛 그 자체였습니다. 그때 그 시절이 그립습니다.
추억을 건드리는 풍경이었지요.

귀가 전쟁

세상은 참 요지경(瑤池鏡)입니다.
야간통행금지라는 법령이 비뇨기과 의사들을 못살게 굴었습니다.
통금 때가 되면 교통사고가 늘어나고 유난히 아랫동네 외상 환자로 응급실이 붐볐습니다.
통금시간 직전, 술꾼들의 고향이었던 무교동, 종로, 동대문 일대의 풍경을 봅니다. 사전에도 없는 단어, '귀가 전쟁'은 세계 어느 나라에서도 볼 수 없는 전투 그 자체였습니다.
야통에 쫓기는 마지막 버스를 봅니다.
정류장에 들어서기도 전에 취객들이 벌떼처럼 달려듭니다. 승차정원이란 다른 나라 이야기입니다.
정원 초과 두 배는 약과입니다. 매달린 승객으로 문이 안 닫히면 급커브로 승객들을 안으로 끌어넣습니다. 재수 없으면 문밖으로 나가떨어지기도 합니다.
택시를 봅니다.
대여섯 명의 합승은 보통입니다. 빈차가 오면 두 손가락, 세 손가락 신호를 보냅니다. 택시비로 두 배, 세 배 주겠다 이거지요.

오토바이는 더 가관입니다. 두세 명씩 태우고 질주를 합니다. 취중 운전도 다반사입니다.

생존을 위한 속도위반, 열악한 도로 사정, 낙후된 신호체계… '교통사고 왕국'이라는 불명예를 뒤집어씁니다.

귀가 전쟁 통에 발생하는 전상(戰傷)(?) 환자들을 봅니다. 차량에 부딪히거나, 튕겨나가면서 골반이 상하고 아랫동네가 외상을 입는 거지요.

비뇨기과 칼잡이 교수들 걸핏하면 오밤중에 불려 나와 피투성이 수술을 합니다.

1982년 1월 5일을 아시나요?!

아주 특별한 날입니다.

술꾼들, 술집들, 술도가들이 만세를 부른 날이지요.

해방을 맞습니다. 자유를 찾습니다.

정변으로 집권한 신군부 대통령의 용단으로 30년 넘게 백성들을 옥죄었던 야간통행금지령이 해제된 날입니다.

후문에 의하면 북쪽과의 일촉즉발, 민감한 대치 상황에서의 통금 해제는 읍참마속(泣斬馬謖)의 결단이었답니다.

각설하고,

통금으로 인한 술꾼들의 귀가 전쟁 중에 발생하는 교통사고 중에 희한한 외상이 있습니다.

대개 달리는 버스에서 떨어지거나 오토바이를 타고 가다 경계석이나 돌부리와 충돌하면서 튕겨 나가 땅에 부딪힐 때 일어나는 외상이지요.

때로는 남자의 보물이 깨질 때도 있습니다.

통금과 술이 유죄입니다. 지갑이 얇은 주당들, 막걸리를 '되'로 마시거나 500CC, 1,000CC 생맥주를 부어라 마셔라 합니다.

통금에 쫓기다 보니 화장실도 안 가고 달리는 버스에 매달립니다. 재수 없게 나가떨어집니다. 잔뜩 부푼 오줌통이 온전할 리 없지요. '뻥' 터집니다. 유식한 말로 방광파열이지요.

방광에 가득 찼던 소변이 복강 내로 흘러 들어갑니다.

혈관이 많은 방광 벽에서는 내출혈이 계속됩니다. 처음에는 증세도 별로 없습니다. 더구나 만취 상태에서는 잠깐 잠이 들기도 합니다.

뱃속의 공간이 크다 보니 자연 지혈을 기대할 수도 없습니다. 뱃속은 피바다가 됩니다.

출혈이 계속되면 서서히 죽음의 그림자가 드리워집니다.

시간이 지나면 세균이 달라붙게 되고 급성복막염으로 진행합니다. 뱃속 전체가 고름으로 차게 되는 거지요.

그래서 방광파열은 비뇨기과의 응급수술, 제1순위입니다.

의학적으로 단순 방광파열은 다치자마자 비뇨기과 전문의만 만날 수 있다면 살기보다 죽기가 어려운 외상입니다. 터진 방광 꿰매주면 되거든요.

문제는 수술시간을 놓치면 생명은 풍전등화가 된다 이겁니다.
'통금 해제!'
우선 나라의 체면이 섭니다. 경제, 문화발전에 날개를 답니다. 백성들의 삶도 환골탈태의 변화를 겪게 됩니다. 사람답게 살게 된 거지요.
정책이라는 게, 법령이라는 게 대단하더라구요.
통금이 해제되면서 귀가 전쟁이 사라집니다. 비뇨기과에도 변화가 옵니다.
아랫동네 사고 환자가 줄기 시작합니다. 지하철이 생기고 도로 사정이 좋아지면서 90년대에 와서는, 그동안 심심치 않게 볼 수 있었던 방광파열 같은 외상환자는 기다리는 신세가 됩니다. 좋은 현상이지만 씁쓸하기도 합니다.
전공의들에게 임상 교육을 시켜야 하는데 환자를 볼 수 없다, 이겁니다.

군복 아재

타임머신을 탑니다.
1981년 봄쯤 되려나?
이대병원 진료실에서 빤히 내려다보이는 동대문 네거리는 온통 데모대의 함성과 최루탄 소리로 시끄러울 때입니다.

퇴근 무렵입니다.

"권 박사 있네?"

귀에 익은 우렁찬 목소리가 들립니다.

노크도 없이 들이닥칩니다.

여전히 빈손이 아닙니다. 기름이 밴 종이봉지에 따끈따끈한 꽈배기 한 보따리를 들고 옵니다. 출출한 오후 시간이니 전공의, 간호사들이 방방입니다.

후배 교수들도 다 좋아하는 분입니다.

명색이 주치의인데 반말도 예사입니다. 저보다 열대여섯 살 연상인데도 아주 임의로운 분입니다. 이 글의 주인공입니다.

5년 전, 이대병원에 부임해서 과를 만들 때입니다.

여자대학이라 수술 환자가 없어 손이 근질근질할 때 만났지요. 수술 한 건이 아쉬울 때입니다.

방광에 바둑알만한 결석이 너덧 개나 있는데 아무리 설득을 해도 도무지 수술을 안 하겠답니다. 돈이 없대요. 검게 물들인 군복에 군화까지 신은 꾀죄죄한 모습과 생떼에 꼼짝없이 속아 넘어갔습니다. 원장에게 떼까지 쓰면서 치료비를 절반으로 깎아준 환자입니다. 나중에 알고 보니 청계천의 알부자 장사꾼이더라구요.

수술해서 꺼낸 결석을 부처님 사리라고 항상 주머니에 넣고 다니며 제 자랑을 해댑니다.

이대병원 권 아무개 교수는 병원비까지 에누리해 주는 진짜 의사라고 떠들고 다닙니다. 덕분에 청계천, 동대문 시장 상인들한테 권 아무개는 후한 의사로 소문이 납니다. 이웃이건, 친구건, 아랫동네가 이상하다면 무조건 데려옵니다.
비뇨기과, 아니 우리 병원의 홍보대사에다 환자 공급책입니다.
소문난 포목 장사지만 지독한 구두쇠로 더 유명한 분입니다. 놀라운 것은 사시사철 검게 물들인 군복에다 군화 차림입니다. 본업이 옷감 장사인데도 말입니다. 세상에서 제일 싼 옷이랍니다.
우리 간호사들과 전공의들이 '군복 아재'로 부르는 이유입니다.
비록 자린고비이지만 후하디후한 분입니다. 병원에 올 때는 꼭 호떡, 붕어빵, 순대 같은 간식을 한 아름씩 들고 옵니다. 오는 정에 가는 정이지요.
모두들 군복 아재를 좋아합니다.

군복 아재가 다짜고짜 제 손을 잡고 응급실로 가잡니다.
사람 하나 살려내랍니다. 조카 같은 아이랍니다. 형님 같은 절친의 아들이랍니다. 응급실 진찰대에 누운 환자를 봅니다. 건장한 청년입니다.
얼굴은 백지장이고 놀라운 것은 배가 만삭인데다 돌덩어리입니다. 만질 때마다 비명을 지릅니다. 의식도 가물가물입니다. 혈압도 안 잡힙니다.
빈사상태란 말이 딱입니다.

백발의 노인이 떠듬떠듬 설명을 하는데 눈가가 젖습니다.

그저께 밤, 종로에서 막걸리를 잔뜩 마시고 장위동 쪽 마지막 버스를 타다 떨어졌답니다. 다행히 차장의 도움으로 다시 버스에 타 집에까지는 왔는데 새벽부터 배가 아프고 불러오더랍니다.

동네 의원에 갔더니 맹장염일지 모른다고 링거와 항생제 주사를 놓아주더랍니다. 점점 통증이 심해지고 팬티에 피인지 오줌인지 잔뜩 묻어 있더랍니다.

금방 감이 옵니다. 우선 시계를 봅니다. 무려 40시간이나 지났습니다.

죽음의 그림자가 어른거립니다.

비뇨기과에 비상이 걸립니다.

'라이언 일병 구하기'입니다.

한 팀은 우선 큰 핏줄을 찾아 수혈을 합니다. 수혈이 아니라 피를 쏟아붓는 거지요. 간신히 혈압이 잡힙니다.

한 팀은 검사를 합니다. 응급으로 조영제를 넣고 방광 촬영을 합니다.

주입하는 하얀 조영제가 모두 뱃속으로 퍼지는 영상이 뜹니다. 다행히 골반 골절이나 다른 손상은 없고 단순히 방광만 터진 것 같습니다.

한 팀은 서둘러 수술 준비를 합니다.

그야말로 번갯불에 콩 튀겨 먹기입니다.

응급실 도착 한 시간 만에 배를 엽니다. 끔찍합니다. 온통 피바다로 창자가 보이지 않을 정도입니다. 온몸의 피가 다 뱃속으로 흘러 들었습니다.

고인 피를 씻어내고 방광을 봅니다. 윗부분이 십자(十字) 형으로 찢어져 있고 아직도 스멀스멀 피가 나오고 있습니다. 일일이 지혈을 하고 봉합을 합니다. 불길한 징조가 보입니다.

복막이나 창자에 세균이 붙은 것 같습니다.

생리식염수로 정성껏 씻어냅니다.

수술하는 동안 마취 팀으로부터 혈압이 너무 내려간다는 경고도 몇 번 들었지만 무사히 수술을 끝냅니다.

식은땀을 흘렸지요. 수술이 어려워서가 아닙니다.

한 젊은이의 생명이 경각에 달렸기 때문이었습니다.

수술실 밖 복도에서 가족을 만납니다. 달랑 노부부뿐입니다. 머리가 하얗게 센 할아버지, 할머니입니다. 다행히 가족 대표는 군복 아재입니다. 일부러 피범벅이 된 수술 차림으로 설명을 합니다. 칼잡이 의사들의 자기방어적 소통 방법입니다.

'직사게 고생은 했지만 수술은 잘 됐다.'

'방광파열은 시간과의 싸움인데 너무 늦어 자신할 수가 없다.'

복막염이 오면 걷잡을 수 없이 위험하다는 경고를 덧붙입니다.

군복 할배의 일갈이 겁납니다.

"권 박사! 쟤 살겠네?"

"무조건 살려내라우!"

아니나 다를까? 열이 오르기 시작합니다. 혈압도 내리막입니다.

'코로나'라는 괴질만 '고열'이 천적이 아닙니다.

수술 후 고열! 칼잡이 의사들과는 상극이지요. 열이 내리질 않습니다. 복막염을 대비해 박아놓은 심지에서 흐르는 진물이 심상치 않습니다.

중환자실에서 사투를 벌입니다. 패혈증으로 환자는 사경을 헤맵니다. 수입약품 전문약국까지 뒤져 강력한 항생제를 구해 쏟아부어도 열이 잡히질 않습니다.

중환자실에서 24시간 밀착 치료를 합니다. 전공의들이 돌아가며 침대 곁을 지킵니다.

의사들이 중환자실에서 사투를 벌이는 동안 노부부와 군복 아재의 모습을 잊을 수가 없습니다. 중환자실 앞에 있는 기다란 나무의자에서 노부부가 꼬박 닷새 동안을 지키고 있습니다. 병실에 가서 좀 쉬라고 해도 막무가내입니다.

두 분 다 거동이 불편합니다. 알고 보니 남편은 왼쪽 다리가 의족이고 부인도 소아마비 후유증으로 절뚝입니다. 두 분 말씨하며, 인상하며, 참 따뜻한 부부입니다.

군복 아재는 시도 때도 없이 밥과 간식을 나르고 온갖 수발을 다 합니다. 친형에게도 그리할 수는 없습니다. 중환자실에 들릴 때마다 제 손을 잡고 애원을 합니다.

"저 녀석 죽으면 우리 '형'도 따라 죽을끼야!"
'형!'이란 말, 아주 친할 때 쓰는 형(兄)의 평안도 사투리입니다.
군복 아재의 따듯한 인정이 가슴을 적십니다.
"돈은 다 낼끼니 거~ 미제 약도 쓰라우!"
군복 아재의 간절한 마음이 고스란히 다가옵니다.

사선을 함께 넘은 전우

하늘이 답을 합니다. 닷새 만에 열이 잡히고 제정신이 돌아옵니다. 여드레 만에 일반 병실로 옮깁니다. 백발의 노부부가 연신 머리를 조아립니다. 눈물을 펑펑 쏟습니다. 알고 보니 모습은 파파 할아버지, 할머니지만 나이는 60대 초반입니다. 긴 세월, 고달팠던 삶이 묻어납니다.
무데뽀인 군복 아재도 눈물을 글썽입니다.
"내 기릴 줄 알았어!"
"권 박사니끼니 간나를 살린 기야!"
퇴근 무렵, 군복 아재가 보무도 당당히 쳐들어옵니다.
오늘 같은 날, 한 고뿌 안 하면 벌 받는답니다. 무조건 가야 됩답니다.
다음 말이 가슴을 찌릅니다. 우리 형님 너무 지쳐서 '괴기'를 먹여야 됩답니다. 당시 장안 최고의 고깃집, 을지로 조선옥에 자리를 잡아 놨답니다.
구두쇠 아재가 절대로 갈 곳이 아닌데 말입니다.
기절초풍할 일입니다. 그 비싼 갈비를 마구 시킵니다.
좀처럼 말이 없던 환자의 아버지도 자식의 회복에 기운을 차립니다. 굳게 닫혔던 말문이 열립니다.
술잔이 연신 춤을 춥니다. 한참 젊은 저도 거나해집니다.
소설 같은 두 분의 삶이 고스란히 드러납니다.
역시 군대 이야기가 안주입니다. 진짜 진짜 역전의 용사들입니다.
6·25 전쟁 전 해에 순전히 먹고살기 위해 나이까지 속여 가며 하사관 모집에 달려듭니다.
전쟁이 나자 제대로 훈련도 받지 못한 채 전투에 투입됩니다.
대단한 것은 두 분 다 북진 때 압록강 물을 이승만 대통령에게 떠다 바친 유명한 6사단 부대원이었답니다.
두 분의 육성 증언을 듣습니다.
한국전쟁 중 최고의 승리와 최악의 패전을 동시에 겪은 부대가 자기네 사단이랍니다. 평안북도 압록강 연안의 초산을 최초로 점령한 부대입니다. 잠깐이지만 한만(韓滿) 국경까지 쳐들어간 거지요. 당시로서는 '북진통일'이란 신기루에 홀딱했던 승전보였답니다. 전쟁에 지친 국민들의 만세 소리가 삼천리 강산을 뒤흔든 승리였답니다.
호사다마는 진리이지요. 그즈음 초산 일대의 숲속에는 꽹과리를 치고 피리를 부는 괴상한 군대가 국군을 살금살금 둘러싸고 있었습니다.

바로 중공군의 참전이었지요.

1주일 후 승리에 취해 있던 그 부대는 참혹한 패배를 당합니다. 일설에 의하면 포위망을 뚫고 살아남은 병력이 반밖에 안 됐답니다. 천운이랍니다. 이 전투에서도 두 분 다 살아남습니다.

천운은 여기까지입니다.

휴전 직전 한 치의 땅이라도 더 차지하려는 처절한 전투가 벌어집니다. 그야말로 지금의 휴전선 일대는 모두가 피의 능선이 됩니다. 일진일퇴, 백병전, 중공군의 인해전술, 고지의 주인이 하루에도 몇 번씩 바뀝니다.

'형'이란 분, 되놈들이 던진 방망이 수류탄에 오른쪽 발목을 잃습니다.

군복 아재도 얼마 뒤 북쪽 간나들의 따발총알이 어깨뼈에 박힙니다. 그래서 왼쪽 팔이 거북하답니다. 다행히 불구는 면합니다.

두 분의 삶을 들여다보니 전쟁으로 인한 비극이란 비극은 몽땅 겪은 분들입니다.

전쟁 전 38선을 넘은 군복 아재의 가족들, 평양 폭격 때 행방불명이 되었답니다. 북진하면서 힘들게 찾아갔더니 고향집이 흔적도 없이 사라졌더랍니다.

서울내기인 '형'이란 분도 1·4후퇴 때 부모형제 다 잃었답니다. 입대 전 돌배기였던 아들, 몸도 성치 않은 아내가 죽기 살기로 키웠답니다.

아들이 유일한 가족이랍니다.

군복 아재가 입에 거품을 물고 칭찬을 합니다.

플라스틱 공장의 사출 기술자인데 입사 5년 만에 부장이 되었답니다. 그놈의 승진이 웬수랍니다. 직원들과 축하 술 먹다 저 지경이 된 거랍니다.

속으로 중얼거립니다.

"그놈의 야통이 유죄지!"

운명이란 묘하더라구요. 전쟁, 휴전, 부상으로 헤어졌던 두 사람, 10년이 훨씬 넘어 악전고투 끝에 청계천에 둥지를 틉니다.

군복 아재는 포목 장사, '형'은 시계포 주인이 되었는데 우연히 밥집에서 만났답니다. 이산가족 상봉 저리 가라였답니다. 눈물겨운 만남이었답니다.

천하의 외톨이들이, 죽음을 함께 넘나들었던 전우가 만난 것입니다. 피를 나눈 형제처럼 살고 있답니다.

군복 아재의 '형'씨를 위한 살뜰한 수발의 뜻을 알겠더라구요. 자리가 끝날 무렵, 군복 아재가 정색을 하고 묻습니다.

"저 녀석 아직 장가도 못 갔어야!"

"아이 날 수 있갔디?"

일부러 피안도 사투리로 화끈하게 말을 합니다.

"기럼요!"

"쌍둥이도 문제 없시요!"

"기보라우!"

"이젠 말야! 에미나이나 찾자구!"

모처럼 형씨가 활짝 웃으며 한마디 합니다.

간호부(요즘은 '師'를 붙임) 며느리를 얻으면 원이 없겠답니다. 군 병원에 있을 때도 그랬지만 이번 아들 병구완을 하면서 모든 간호부가 다 천사로 보이더랍니다.

아들 장가갈 준비는 다 해놓았답니다. 집도 마련해놓았답니다.

형씨 부부의 아들 사랑이 눈물겹습니다.

입원 20일 만에 퇴원하는 날, 병실에 들릅니다.

그 조신하던 형씨가 언성을 높이며 군복 아재와 티격태격입니다.

천지개벽이 따로 없습니다.

글쎄 군복 아재가 그 엄청난 병원비를 몽땅 냈더라구요. 작은 집 한 채 값은 될 거예요! 이 에누리 도사가 한 푼도 깎지 않고 이미 정산을 해버린 것입니다.

"어?! 감액 좀 해드리려고 했는데!"

"권 아무개가 죽을 놈 살려주었는데 치료비 깎으면 쥑일 놈이지!"

"형! 화내지 말라요!"

"내래 어음 빵구(부도) 났을 때 그 큰돈 왜 줬수?!"

나중에 알고 보니 7~8년 전 어음 사기로 쫄딱 망했을 때, 형이 살려주었답니다.

제가 거듭니다.

"아니, 방광에 든 돌 꺼내줄 때는 에누리 안해준다고 협박까지 하더니 조카 치료비는 웬일이슈?"

"권 박사! 에누리할 줄 모르면 그게 장사꾼이네?"

"홀딱 속았디?"

결국 형씨도 웃습니다.

참으로 신나는 해피엔딩입니다.

두 분의 우정! 이게 바로 전우애인지 모르겠습니다.

이분들 진정 풍전등화의 나라를 구한 영웅들입니다.

전쟁의 온갖 비극을 맨몸으로 때운 분들입니다.

전쟁, 사망, 부상, 이산가족, 전우애, 통금의 주인공들이 하나둘 사라져갑니다.

그들이 지켜낸 나라인데, 이젠 알아주는 사람이 아무도 없습니다.

아주아주 슬픈 일입니다.

라스팔마스의 영웅들

지구 반대편의 대서양에서, 지중해에서 파도와 싸우는 원양어선 어부들, 달러 한 푼이라도 벌기 위해 목숨을 건 분들입니다.

40여 년이 지났습니다.
20세기 의학의 마지막 불꽃인 내시경 레이저, 충격파쇄석기에 대한 연수를 위해 독일의 북쪽 도시 뤼벡에서 3개월간의 공부를 마치고 스페인으로 옵니다.
1985년 9월의 어느 날, 이름도 요상한 거리입니다.
세기의 플레이보이(난봉꾼) 이름을 딴 스페인 바르셀로나 시내의 '카사노바' 거리입니다. '누에보 쎄울'이란 한국 식당에서 예닐곱 명의 한국인들이 잔치를 벌입니다.

쎄울 꼬레

우선 '쎄울'이란 단어가 떠오릅니다.

꼭 4년 전 이때쯤, 그러니까 1981년 9월 30일 독일의 소도시 바덴 바덴에서 경천동지의 굉음이 울려 퍼집니다.

바로 이곳 바르셀로나 출신의 사마란치 IOC(국제올림픽위원회) 위원장이 마이크를 잡습니다.

52대27!

1988년 올림픽은 "쎄울 꼬레(Séoul Corée)"라고 떨리는 목소리로 선언을 합니다.

한국의 '서울'이 '쎄울'이라는 희한한 불어 발음으로 세계로 퍼져 나갑니다.

전 세계가 화들짝 놀라고 올림픽 주최국이 된 극동의 쬐그만 나라는 그야말로 뒤집어졌지요.

식당 이름 '누에보 쎄울!'은 '뉴 서울'이란 뜻입니다.

얼마 전, 겡상도 아내 말대로 '벨난' 의사가 바르셀로나 의대로 '벨난' 공부를 하러 왔습니다.

이 대학에 질 버넷(Gil Vernet)이란 세계적으로 유명한 교수가 있습니다. 이분 역시 '벨난' 교수예요. 동영상 의학으로 세계 비뇨의학계를 호령하는 분입니다.

자기가 창안한 새로운 수술이나, 기록으로 남기고 싶은 대수술을 영화로 촬영하고 문화 강국 스페인답게 아름다운 음악도 깔아줍니다.
사실 영화 제작이라는 게 극영화든, 기록영화든 '쩐'의 전쟁이거든요.
그런데 수십 편을 만들어낸 거장입니다.
딱딱하고 정적인 슬라이드만 보던 칼잡이 의사들이 째고 자르고 붙이는 수술 장면들을 음악까지 들으며 스크린으로 봅니다.
뿅 가지 않을 수가 없지요. 백문(百聞)이 불여일견(不如一見)이란 말이 딱입니다. 시청각교육으로는 으뜸이 아닐 수 없지요.
몇 년 전, 파리 국제비뇨기과학회에서 이분의 작품들을 처음 본 이 칼잡이 의사는 쌍무지개 뜨는 언덕을 봅니다. 무릎을 칩니다.
'아! 영화라는 게 의학과 요렇게 궁합이 맞는구나!'
애초에 영화를 직업으로 삼으려 했던 이 칼잡이 의사는 새로운 삶의 목표를 설정합니다. 앉으나 서나 그저 의학영화 생각뿐입니다.
'바르셀로나 대학으로 가자!'
'질 버넷 교수를 찾아가자!'
계속 두드리니 문이 열립니다.
천우신조입니다.
환자이자 친구였던 주한 스페인 대사와 우연히 바르셀로나대학 이야기를 합니다. 족집게 귀신입니다.
대뜸 "닥터 권, 버넷 교수 만나고 싶구나?!"

"히야! 버넷!" 그 친구 동창이랍니다.
두어 달 지났나? 꿈에도 그리던 교수의 초청장을 받습니다.
만만세입니다. 숙식도 걱정 말랍니다.
이리하여 '누에보 쎄울' 식당에 우리 부부가 나타난 것입니다.

'알라만한' 참치

식탁에 오른 회 접시를 본 저는 기절 직전입니다.
맛집이라면 사족을 못 쓰는 제 눈이 심봉사처럼 번쩍 뜨입니다.
커다란 접시에 우리 식으로 큼직하게 썬 참치회가 수북합니다.
오도로(대뱃살), 주도로(중뱃살), 아카미(등살)가 골고루 쌓여 있습니다.
스페인으로 오기 전, 1979년에 도쿄의 니혼대학에서 1년 남짓 교수노릇 하면서 일본의 참치 문화를 알게 되었지요.
일본 사람들, 참치를 신앙처럼 섬깁니다. 어부들은 참치를 잡으면 심장을 꺼내 집안에 마련한 제단 위에 올려놓고 반드시 용왕님께 감사의 기도를 올립니다.
생물(生物)이냐 냉동이냐에 따라, 고기의 크기에 따라, 부위에 따라, 맛집의 명성에 따라 때로는 금이 아니라 다이아몬드처럼 미친 가격에나 먹을 수 있습니다.
그런 참치를 부위별로 듬뿍 담은 접시를 보니 '억' 소리가 절로 나옵니다.
참치 잔치에 모인 분들 모두가 바르셀로나 한인교회의 목사님을 비롯한 사역자들입니다.

인연이란 게 하늘의 섭리입니다.
대학병원에 첫 출근하던 날, 퇴근길입니다. 비가 억수로 쏟아지는데, 병원 맞은편 건물의 간판 하나가 눈에 확 들어옵니다.
'태권도장 조산관(趙山館)'이란 한글 간판입니다.
지구 반대편의 낯선 나라에서 본 한글 간판에 끌려 비도 피할 겸 도장 안으로 들어갑니다.
도장 정면에는 커다란 태극기가 걸려있고, 사방에 붓으로 쓴 삼강오륜(三綱五倫)의 문구들이 액자에 걸려 있습니다.
귀엽게 도복을 입은 서양 아이들의 우렁찬 우리말 구령 소리를 들으니 나라 사랑의 감동이 밀려오고 가슴이 짠해집니다.
낮에 본 한글 간판이 한식을 유혹합니다.
그날 저녁, 여행사 대표인 친구가 적어준 대로 한국 식당을 찾아 나섭니다. 바로 '누에보 쎄울'입니다.
사장 내외분께 제 신분을 밝히니 잠깐 사이에 친구가 됩니다. 더구나 마산 출신의 주인아주머니와 의령 출신의 아내는 같은 겡상도 아지매라고 금방 친해지더라구요. 한 달도 채 안 되었는데 말입니다.

식당 사장의 안내로 한인교회를 찾아갑니다. 당시 활기를 띠던 원양어업에 종사하는 선원들과 종합무역상사 주재원들이 세운 교회랍니다.

알고 보니 태권도 관장이 매제랍니다. 처남 매부 사이더라구요.

사범의 초청으로 이곳에 정착했답니다.

제 옆에 앉은 장로가 바로 관장이고, 동갑내기라 이제는 절친이 된 촌놈 칼잡이 의사의 보디가드입니다. 한때 국가대표선수였답니다.

이 도시의 명사이기도 합니다. 어딜 가나 마이스터(스승, 사범)로 모시더라구요.

목사님의 식전기도가 가슴을 울립니다.

먼 바다, 만선(滿船)의 꿈을 좇아 거친 파도에 맞서는 선원들! 그들을 지켜달라는 간절한 기도에 모두가 숙연해집니다.

셔츠 한 장이라도 더 팔려고 애쓰는 종합무역상사 주재원들의 소망을 빌어줍니다.

민망할 정도의 저에 대한 과분한 찬사로 기도를 마칩니다.

접시를 나르던 사장과 태권도 사범이 번갈아가며 희한한 말을 합니다.

난데없이 오늘 이 참치 파티는 권 선생님이 쏘는 거랍니다.

어안이 벙벙합니다.

교회의 기둥 장로인 관장이 자초지종을 이야기합니다.

난치병으로 고생하다가 살아난 아이 아버지가 권 교수에게 보낸 참치랍니다.
아프리카 연안에서 직접 잡은 참치랍니다.
라스팔마스에서 운반선으로 보낸 거랍니다.
식당 사장 부인인 마산 아주머니가 끼어듭니다.
"겡상도 말로 '알라(애기)'만한 참치라예!"
"진짜배기 참치라예!"
이곳에서는 좀체 보기 어려운 '괴기'랍니다. 냉동고에 넣어 놨으니 모두들 오며 가며 드시랍니다.

어부의 딸

사연인즉 이렇습니다.
바르셀로나대학병원에 나가는 교수라는 신분에 모든 교인들의 관심과 신뢰를 받습니다. 말도 통하지 않는 타국에서 이민자들에게 최고의 관심사는 역시 '건강'이거든요. 여기저기서 자문을 구합니다.
교회 나간 지 얼마 되지도 않은 어느 주일날 목사님과 관장 장로가 구겨진 쪽지를 하나 보여줍니다. 우리말로는 혈소판감소성 자반증(紫癜症)이란 희귀한 병명이 영어로 적혀 있습니다.
라스팔마스에서 참치 잡는 어선의 선원 가족이랍니다.
초등학교 6학년짜리 딸이 심각한 병에 걸렸답니다.

가볍게 부딪치기만 해도 시퍼렇게 멍이 들고 어쩌다 상처가 나면 출혈이 멎지를 않는답니다. 동네 병원에 갔더니 아주 희귀한 병이니 대학병원에 가라더랍니다. 병명을 적어주더랍니다.

험한 일 하는 어부의 딸이랍니다. 이곳에 정착한 지 얼마 되지도 않은 가난한 신도의 가족이랍니다.

분야는 다르지만, 피를 응고시키는 혈소판이 감소되어 조금만 부딪쳐도 시퍼렇게 멍이 들고 작은 상처에도 출혈이 멎지를 않는 혈액질환입니다.

기분 나쁜 것은 한참 커가는 학동기 아이들을 못살게 군다는 사실입니다.

병명을 적어준 의사의 말이 맞는 말입니다.

소아과에서도 혈액학 전공 교수만이 제대로 치료를 할 수 있거든요.

이심전심입니다. 아내가 더 야단입니다. 서울에 고만고만한 나이의 딸 둘을 두고 왔거든요.

목사님 말대로 "어부의 딸인데 대학병원엘 감히 어떻게 입원을 해!" "보험도 없다잖아요!" "당신 진짜 쌤 노릇 한번 하구려!"라며 왕초 선생님께 떼 좀 써보랍니다.

곰곰이 생각해 봅니다.

지구 반대편의 대서양에서, 지중해에서 광풍과 파도와 싸우는 원양어선의 어부들, 선원들이 떠오릅니다. 달러 한 푼이라도 벌기 위해 목숨을 건 분들입니다.

해병대 정신이 살아나더라구요.

다음날, 회진을 끝내고 커피타임입니다.

체면일랑 집어던집니다.

왕초 교수에게 환자의 병명과 집안 사정을 소상히 설명하고 도움을 청합니다. 다혈질의 우리 선생님! 즉석에서 소아과 교수를 부릅니다.

스페인어는 젬병이지만 눈치만은 빠꿈이지요.

희귀한 혈액병이고 가난한 어부의 딸이란 이야기들이 오고 갑니다.

우리 왕초 교수의 권위가 하늘을 찌릅니다.

소아과 과장이 즉석에서 오케바리입니다. Academic Free(학술용 무료치료)로 치료하겠답니다. 학문적으로 희귀한 환자를 무료로 치료해 주는 제도입니다.

그야말로 순풍에 돛단배입니다.

소아혈액과 교수들의 정성으로 입원 10여 일 만에 혈소판 수치가 정상으로 돌아오고 출혈 현상도 멎습니다. 시퍼런 멍 자국도 말끔히 가십니다.

별로 한 일도 없는데 목사님의 설교, 장로의 기도에 제 이름이 등장합니다. 이민자들의 메마른 가슴에 '인정(人情)'이라는 이슬비가 내렸습니다.

모두들 제 손을 잡더라구요.

그뿐인가요? 왕초 교수의 배려가 전부인데 환자 아버지가 라스팔마스에서 그 귀한 참치를 통째로 보낸 것입니다.

오늘의 화제는 온통 원양어업에 목숨을 건 선원들, 어부들 이야기입니다.

바다의 애국자들

이 칼잡이 의사, 전쟁통에 항구도시 부산에서 의대를 다녔지요.

바다낚시를 좋아했습니다.

유난히 생선회를 즐깁니다.

거기에다 예비역 해군 소령입니다.

머나먼 서아프리카 해안의 대서양, 지중해를 누비는 바다 사나이들의 이야기에 흠뻑 빠질 수밖에 없지요.

동석한 장로 한 분이 원양어선의 선장 출신입니다.

칠순이 다 된 노인입니다. 몇 년 전까지 배를 몰았답니다. 말투는 사근사근한데, 뱃사람 특유의 강인함이 묻어납니다. 신앙이 아주 깊은 분입니다.

이분의 기도는 언제나 뱃사람들의 안녕을 위한 간구입니다.

놀라운 이야기를 합니다.

원양어업 전진기지 라스팔마스를 중심으로 200여 척의 우리 어선들이 고기를 잡는답니다. 2만여 명의 인력이 어업에 종사하고 있답니다.

맨손으로 맨몸으로 이역만리 이곳 어장을 개척한 지 어언 30여 년이 되어간답니다.

태권도 사범 장로의 말이 가슴을 울립니다.

우리는 해상왕 장보고의 후예가 맞답니다.

이곳 대서양의 어장을 개척한 라스팔마스의 영웅들! 그들은 진실로 '바다의 애국자'들이었답니다.

1980년대, 당시까지 벌써 1조 원 가까이 물고기를 잡아 올렸답니다. 텅 비었던 나라 금고에 금쪽같은 달러들이 쌓이기 시작한 것입니다.

어부들이 민족중흥의 깃발을 들 줄 누가 알았겠습니까?

지구 반대편 대서양까지 몰려와 고기를 잡는 원양어선 어부들의 삶을 보면서, 저는 국운을 느꼈습니다.

저는 국력을 보았습니다.

우리 국민의 저력을 알게 되었습니다.

가장 중요한 것은 그들을 통해 저도 삶의 의지를 배웠다는 사실입니다.

이날 '누에보 쎄울' 식당의 참치 파티를 계기로 원양어선을 타는 분들은 '애국자'로 가슴에 새겨졌습니다.

왕초 형님

몇 년이 흐릅니다.

1988년 쎄울 올림픽을 성공적으로 치르면서 한국의 국운이 융성하고 경제도 순풍일 때입니다.

스페인 유학을 계기로 마음으로 존경하게 된 형님이 한 분 계십니다.

재일동포인 큰형님 친구이니 깍듯이 형님으로 모십니다. 나이도 저보다 10년 넘게 위입니다.

머나먼 대서양, 인도양까지 나아가 고기를 잡는 수산회사를 일군 바다 사나이입니다. 재일동포 출신인데 맨주먹으로 몇백 톤짜리 선단을 거느리는 바다의 CEO입니다.

육척장신에 햇볕에 그을린 피부하며, 영락없는 뱃사람입니다.

비록 경영인으로서 배를 직접 몰지는 않지만 인도양, 대서양을 누비며 어부들과 뒹굴다 보니 서양말로 완전 터프가이입니다.

술 한잔 걸치면 스스럼없이 '왕초 형님'으로 부릅니다.

덩치하며 성깔하며, 조폭두목 저리 가라입니다.

큰형님과 친구이다 보니 집안의 막내인 저를 친동생처럼 챙겨줍니다.

저를 부를 때도 "동생!" 그럽니다.

전쟁통에 살아남아 교수가 된 제가 아주 대견하답니다.

어쩌다 서울에 오면 꼭 저를 찾습니다.
올 때마다 생소한 나라의, 종류도 잘 모르는 양주도 들고 옵니다.
회사 선적의 선장이나 선원들이 큰 병에 걸리거나 선박 사고로 크게 다친 환자는 무조건 저한테 데려옵니다. 멀리 부산에서 말입니다.
더 좋은 건 과원들과 술 한잔하라고 가끔 봉투를 놓고 간다는 사실입니다.
터프한 우리 형님, 보기와는 달리 부하 선원들한테는 그리 자상할 수가 없습니다.
망망대해에서 파도와 싸우며 목숨 걸고 고기를 잡는 우리 선원들 바다의 애국자들이랍니다.
바르셀로나에서 듣던 말 그대로입니다.
오랜만에 형님이 나타납니다.

치프 오피서와 칼잡이

아주 왜소한 체구의 노인을 모시고 들어옵니다. 차트에 적힌 나이를 보니 형님보다 한참 아래인 50대 중반인데 환갑 노인으로 보입니다.
비쩍 마른 데다 파리한 몰골이 말이 아닙니다.
선단(船團)에서 제일 큰 배의 치프 오피서(Chief Officer)랍니다. 선장 다음인 일등항해사랍니다.
어쩐지 눈매가 매섭고 목소리에 무게감이 넘칩니다.
소변이 자주 마렵답니다. 눌 때마다 찌릿찌릿 아프답니다. 오줌에 피가 보인 적도 있답니다.
감이 잡힙니다. 체중을 묻습니다. 최근 1년 동안 10kg이나 빠졌답니다.
기항하는 항구의 병원에 가면 성병이라고 항생제만 주더랍니다. 부산에서도 몇 군데 의원을 찾아갔는데 요도염이라고 주사만 놔 주더랍니다.
이상하답니다. 뱃사람들은 성병을 달고 다니는 줄 알더랍니다.
감이 잡히더라구요. 입원을 시키고 정밀검사를 진행합니다.
역시나입니다.
왼쪽 콩팥이 고름 주머니입니다.
신장결핵이 온 것입니다. 약으로는 신장을 살릴 수가 없습니다.
다행히 폐의 결핵은 약물요법으로 치료가 가능한 병변입니다. 환자에게 수술과 수술 후 치료계획을 설명합니다.
결핵균이란 참으로 질긴 놈입니다.
신장을 들어내는 수술이야 전문 의사들이라면 힘든 수술이 아닙니다. 수술 후 2주 정도면 퇴원이 가능하거든요.
문제는 결핵이란 병이 전신을 쇠약하게 만드는 만성소모성 질병이라 수술 후 치료가 더 중요하다 이겁니다. 적어도 6개월간은 항

결핵 치료는 물론, 안정하고 섭생을 잘해 체중도 늘려야 된다고 자세히 치료 계획을 설명합니다.
조용히 듣고만 있던 환자가 말도 안 되는 소리라고 단호하게 수술을 거부합니다.
지금 몇 달씩 잘 먹고 놀 때가 아니랍니다.
남의 나랏돈까지 끌어들여 배를 들여왔답니다. 선원들 새 선박 운항 교육도 시키고 새로 모집한 어부들에게 조업 훈련을 마치려면 몇 달은 걸린답니다.
수술이건 뭐건 그때 가서 이야기하잡니다.
환자의 고집이 요지부동입니다.
왕초 형님! 역시 다릅니다.
말투가 단호한 명령입니다.
"어이 치프! 의사 말 들어!"
"동생은 비뇨기과 교수야! 교수!"
"교수는 아무나 하는 게 아냐!"
"교수 말은 무조건 듣는 기야!"
"자네는 말야! 나하고 끝까지 함께 가는 기야! 알갔어!"
투박한 니북 사투리에 여운이 감도는 말입니다.
그제서야 환자가 수술을 받겠답니다.

오후 회진 때, 들어낸 콩팥을 일부러 보여줍니다.

절개한 콩팥에서 누런 고름이 쏟아집니다. 그제서야 자기 몸이 얼마나 상했는지 실감합니다.

일본에 오래 사셨던 형님 입에서 일본 말이 튀어나옵니다.

"동생은 혼또니 사무라이데스!"

제가 일본의 무사(武士), 진정한 칼잡이랍니다.

그날 저녁 왕초 형님과 쇠주잔을 돌립니다. 동대문상가 먹자골목을 유난히 좋아합니다. 수많은 항구 도시들을 돌아다녔지만 한국의 음식, 술안주를 따라가는 곳은 없더랍니다.

자연히 환자 이야기가 나옵니다.

가장 믿을 수 있는 부하랍니다. 오른팔이랍니다.

어부의 아들로 태어나 고등학교만 겨우 다녔답니다. 외항선의 말단 선원으로 들어가 탁월한 경력과 주경야독의 독학으로 3등, 2등 항해사를 거쳐 1등항해사 자격을 따낸 집념의 사나이랍니다.

배의 운항, 어선 관리, 선원들의 훈련이 다 그의 몫이랍니다.

최고의 치프 오피서랍니다.

외항선원을 일컫는 마도로스란 직업, 유행가 가사처럼 결코 낭만적인 직업이 아니랍니다. 가정을 유지하기가 무척 어렵답니다.

선원들이 송금하는 급여는 높은데 몇 개월에 한 번 집에 들르니 집을 나가는 부인들이 비일비재랍니다.

우리 치프도 홀아비랍니다.

부모님이 키워온 아이들이 똑똑해 미국에서 대학을 다니고 있답니다.

하얀 와이셔츠에 넥타이를 맨 그런 자식들이 꿈이랍니다.

원양어선 선원들 급여는 어획고에 따르다 보니 본사에서 내근하는 직원들보다 몇 배나 많답니다. 늙은 부모님 모시고 아이들 유학비 대려면 상당한 봉급도 밑 빠진 독에 물 붓기랍니다.

수술을 거절하는 마음 알고도 남는답니다.

수술하고 몸이 불편하면 배를 떠나야 한다는 두려움으로 고집을 부렸을 거랍니다. 너무나 성실해서 아이들 유학비도 끝까지 대줄 거랍니다. 회사가 망하지 않는 한 간부 선원 자식들 학비는 다 대주고 싶답니다.

왕초 형님, 겉모습은 장비인데 마음은 비단이더라구요.

착하디착한 항해사 양반 열심히 결핵 치료를 합니다.

줄곧 달고 다니던 소주병도 던져 버립니다. 다시 바다로 나가기 위해서입니다. 오로지 자식들 유학 비용을 대기 위해서입니다.

한 달에 한 번, 꼬박꼬박 기차를 타고 부산에서 서울을 왕복합니다. 치유 과정을 확인하기 위해서입니다.

바다 사나이의 눈물

하늘이 돕습니다.

결핵이란 놈이 항복을 합니다. 체중이 정상으로 늘기 시작합니다.

오그라들었던 방광도 제 기능을 합니다. 폐에 있던 병변도 말끔히 가십니다.

수술한 지 8개월쯤 지나서입니다.

서울에서는 좀처럼 보기 드문 마도로스 정장을 한 사나이가 제 방에 들어옵니다.

중후한 몸매, 혈색 좋은 홍안의 미소, 바로 항해사 환자입니다.

피골이 상접했던 결핵 환자의 몰골은 어디에도 볼 수가 없네요.

허리를 굽혀 깍듯이 인사를 합니다. 내달엔 바다로 나간답니다. 모두가 선생님 덕분이랍니다.

바다와 영 이별인 줄 알았답니다. 미국에 있는 아이들이 고아가 되는 줄 알았답니다.

제 손을 잡습니다.

제 손 등에 뜨거운 물방울이 떨어집니다. 바다 사나이의 눈물입니다.

보무도 당당히 걸어 나가는 항해사의 모습을 물끄러미 바라봅니다.

바르셀로나의 한식당 '누에보 쎄울'이 떠오릅니다.

머나먼 대서양까지 와 고기 잡는 어부들의 안녕을 갈구하던 목사님의 기도 소리가 들립니다.

그들은 진정 바다의 애국자라는 태권도 사범의 목소리가 귓전을 울립니다.

자식 교육이라면 목숨까지 거는 이 시대의 아버지들이었습니다.

어느 나라에서도 볼 수 없는 세계적인 명품 아버지들입니다.

1980년대 유럽 유학 시절, 우리 백성들의 끈기와 집념을 똑똑히 보았습니다.
지구 반대편 대서양까지 몰려와 고기 잡는 원양 어부들의 의지를!
수출입국의 깃발을 든 무역 전사(戰士)들의 고군분투를!
독일로 파송된 간호사와 광부들의 희생정신을!
발차기로 서양인들을 휘어잡은 태권도 사범들의 정신을!
잊을 수가 없습니다.
그들이 민족중흥의 기운을 살려낸 것입니다.
그들이 한강의 기적을 일궈낸 것입니다.
그들의 눈물이 흘러 흘러 내가 되고 한강이 된 것입니다.

2부
위대한 아버지

대동강에서 잃어버린 누이동생의 영혼이
맺어준 인연 같답니다.
한순간도 남의 딸이라고 생각한 적이 없답니다.
친딸 이상으로 사랑한답니다.
제 손을 잡습니다.
아버지의 사랑이 전류가 되어 제 가슴에 전해옵니다.

전송가(戰頌歌)를 아시나요?

1,069명의 전쟁고아들을 실은 수송기 16대가 울퉁불퉁한 김포비행장 활주로를 무사히 이륙해 제주로 향합니다.

까까머리 고교 시절, 무용담의 백미는 무시무시한 훈육 선생들의 눈을 피해 '개구녁' 치기 영화 보는 거였습니다.
사실 개구녁은 아니더라도 영화 상영이 시작되고 극장 입구가 닫히기 직전 '기도(木戶 : 문지기의 일본어)'와 은밀한 암거래로 너덧 명이 한두 명 입장료만 내고 살금살금 극장 안으로 들어가 영화에 빠집니다.
다음날, 손짓 발짓 해가며 무용담을 읊어대면서 까까머리들을 휘어잡았지요.
이실직고하건대 저도 훈육주임한테 걸려 1주일간 유기정학이란 처벌을 받은 누범이었습니다.
죄명은 청소년 입장 불가 딱지가 붙은 영화, 불법관람 죄였습니다.

영화에 얼마나 미쳤던지 고교 졸업반 시절 대학 장래지망란에 '연극영화과'를 썼다가 담임선생님한테 귀싸대기 맞고 의과대학으로 전향한 꾸러기였습니다.

영화 〈전송가〉

까까머리 시절, 청소년 입장가(可) 딱지가 붙은 두 개의 작품을 기억합니다. 둘 다 한국전쟁이 배경인 영화입니다.
'8학년' 꼰대들 중 영화에 빠졌던 분들은 기억할 것입니다.
하나는 〈원한의 도곡리 다리(The Bridges at Toko-Ri)〉라는 영화입니다.
전쟁영화치고는 할리우드 영화평론가들이 별 4개쯤으로 인정한 수작입니다. 원작도 〈남태평양〉, 〈사요나라〉를 쓴 유명한 작가 제임스 미치너(James Michener)입니다.
윌리엄 홀든, 그레이스 켈리, 프레드릭 마치, 미키 루니… 영화 마니아라면 홀딱 반할 출연진들입니다.
1954년 당시 할리우드의 기술력을 총동원한 공중전 장면은 아카데미 특수효과상을 수상할 정도로 압권이었습니다.
또 한 편의 영화가 있습니다.
같은 공군영화이지만 〈원한의 도곡리 다리〉와는 전혀 다른 전쟁 속에 핀 휴먼드라마입니다.

1956년에 제작된 바로 〈전송가〉라는 영화입니다.

원제는 〈Battle Hymn〉인데 당시에는 대부분의 외화가 일본을 통해 수입되었고, 일본에서 정한 제목을 그대로 달았습니다. 영어를 일본식으로 번역한 제목입니다. 우리말 사전에도 '전송가(戰頌歌)'라는 단어는 없거든요.

'전장에 울려 퍼지는 찬송가'란 뜻의 일본식 신조어입니다. 아주 그럴듯한 제목입니다.

'도곡리 다리'보다는 좀 엉성한 영화지만 한국전쟁이 배경이 되고 한국인 조연과 엑스트라의 등장으로 흥행에는 엄청 성공한 작품이었습니다.

멋진 공군 장교복을 입은 육척장신의 얼짱, 몸짱 록 허드슨의 연기는 관객들의 넋을 앗아가기 십상이었지요.

조종사인 미공군 딘 엘머 헤스(Dean Elmer Hess) 대령의 자서전을 영화화한 작품입니다.

영화로 각색을 하다 보니 사실과 다른 약간의 오류와 과장은 있었지만 영화를 통해 잊혀질 뻔했던 역사적 사건이 우리 국민들에게 감동적으로 전해집니다.

유모차 공수작전(The Kiddy Car Airlift)

20여 년을 환자로 모신 고등학교 선배가 있었습니다.

훤칠한 키, 온화한 미소, 사근사근한 목소리… 그야말로 '영국 신사'의 전형입니다. 오랜 세월을 진료하다 보니 친형님같이 임의로워지고 형님으로 부르기도 합니다.

세월은 막을 수 없어 코로나19 팬데믹이 극성일 무렵인 2022년 봄 미수(米壽) 나이에 소천하셨습니다.

장례식장에는 영정사진이 걸리고 고인의 현역 시절 동영상들이 모니터에 흐릅니다. 짙은 남색 공군 장교복 양어깨에 별 4개가 달려 있습니다.

바로 제18대 공군 참모총장이셨던 창공(蒼空) 서동렬(徐東烈) 대장의 모습입니다. 아호대로 평생을 창공을 가르며 사신 우리 공군의 전설입니다.

주영 한국대사관 국방무관으로 근무하면서 명문 케임브리지대학에서 사회학 석사학위를 받았습니다. 흔히 우리가 쓰는 '영국 신사'가 딱인 분입니다.

서울대 행정대학원 석사학위까지 취득한 지독한 학구파였습니다. 한국 공군의 현대화뿐만 아니라 외무부에서 외교관으로, 국방부에서는 이 나라 국방 행정에 헌신한 전설의 지장(智將)이었습니다.

20여 년을 한두 달에 한 번은 외래로 오시다 보니 우리 협회 진료 사업에도 관심이 많습니다. 후원도 하시고요. 외래가 끝날 무렵에 오시면 커피를 들고 혼란스러운 나라 걱정을 하기도 합니다.

10여 년 전쯤 되려나, 그날따라 공군 영화인 〈전송가〉 이야기가 화두에 오릅니다.
고교 시절에 본 영화를 통해 어렴풋이 알고 있던 주인공, 딘 헤스 대령 이야기를 합니다. 드물게도 목사 군인이었고 전투기 조종사였답니다.
태생이 그렇다 보니 평생을 전쟁고아를 거두고 베풂의 삶을 사신 분이랍니다.
본격적인 딘 헤스 대령의 전설을 듣습니다.

김포비행장 가득 메운 수송기들

1950년, 한국전쟁이 터지자 미 제5공군은 한국 공군에 전투기를 제공하고 조종사들의 비행 훈련을 위해 바우트-원(Bout-1)이라는 부대를 급조하다시피 창설했답니다. 이 부대의 초대 지휘관이 딘 헤스 대령이었으니 어찌 보면 한국 공군의 대부였답니다.
인천상륙작전으로 서울을 탈환한 아군은 질풍노도와 같이 북진을 합니다.
승리하든 패하든 전쟁에는 부모 잃은 고아들이 생겨나기 마련입니다.
전란의 극심한 혼돈 속에서도 고아들을 거두는 천사들이 있었답니다. 바우트-원 부대의 군목(軍牧) 러셀 블레이즈델(Russell L. Blaisdell) 중령과 딘 헤스 대령이 바로 그 천사들입니다.

처음엔 몇십 명으로 시작한 고아들이 수백 명으로 늘어납니다.
블레이즈델 중령은 군인이기보다는 고아원 원장이 딱인 분입니다.
블레이즈델 목사의 헌신에 감동한 부대원들이 봉급을 쪼개 후원을 하고 야전식량인 레이션 박스를 모아 고아들을 먹여 살립니다.

먹구름이 몰려옵니다.
11월이 되자 중공의 마오쩌둥 군대가 살금살금 압록강을 건너옵니다. 전투 교본에도 없는 인해전술로 30여만 명이 물밀듯 몰려내려옵니다. 기세등등 북진하던 국군과 유엔군은 후퇴를 거듭합니다.
서울은 그야말로 풍전등화입니다.
12월 중순, 동해안의 흥남 부두에서는 이미 한미 양국군의 철수작전이 시작될 때입니다. 서울 포기라는 불길한 전황을 꿰뚫은 블레이즈델 목사는 머리를 감쌉니다.
이 무렵 거두어 돌보던 고아들이 1,000명을 넘습니다.
'저 아이들을 어쩌지!'
천신만고 끝에 아이들을 인천항으로 데려가 해군상륙함(LST)에 태워 제주행을 시도합니다.
그런데 학수고대하던 배는 오지를 않습니다. 흥남철수작전에 투입되었답니다.
가슴이 타들어 갑니다. 밤새 눈물의 기도를 합니다.

계속 두드리면 열리는 게 하늘의 문입니다.

동료인 미 제5공군 작전참모를 찾아갑니다.

아이들을 살려달라고 눈물 어린 호소를 합니다. 한참 묵묵부답이던 작전참모가 결단을 내립니다.

미 본토에서 날아와 막 오키나와 기지에 도착한 수송기 16대를 김포비행장으로 보내줄 테니 다음날 아침 8시까지 데려오기로 합니다.

인천 부두에서 달달 떨며 기다리던 고아들을 블레이즈델 군목의 기지로 해병대 수송차량을 이용해 모두 김포로 옮기는 데 성공합니다.

하늘의 축복입니다.

활주로에는 그 육중한 C-54 수송기 16대가 기다리고 있었답니다. 그 유명한 '유모차 공수작전'이 시작된 것입니다.

산전수전(山戰水戰), 공중전(空中戰)까지 다 겪은 예비역 공군 대장의 증언이 이어집니다.

부모 잃은 아이들 1,069명을 한꺼번에 제주도로 수송하는 기발한 이름의 '유모차 공수작전(The Kiddy Car Airlift)'은 이름 그대로 어린아이들 수송작전이었답니다. 역사상 유례가 없는 사건이랍니다.

1950년 12월 20일!

크리스마스를 앞둔, 흥남철수작전 3일 전입니다.
서울을 포기한 눈물의 1·4후퇴, 딱 2주 전의 일입니다.
군용비행기 중 몸뚱이가 제일 큰 C-54 수송기 16대가 줄지어 선 장관을 상상해 보랍니다. 축구장 몇 개가 수송기로 꽉 메워진 거랍니다. 김포비행장의 활주로 상태는 엉망이었답니다. 이 수송기들이 착륙해야 할 제주비행장도 험악하기는 마찬가지였답니다.
그뿐인가요?
1·4후퇴를 앞두고 실어 날라야 할 군수물자와 부상당한 장병들이 줄지어서 기다리는 상황이었답니다.
급박한 상황을 훤히 알면서도 '유모차 공수작전'을 허가한 제5공군 작전참모 터너 로저스(Turner C. Rogers) 대령을 잊을 수가 없답니다.
자신이 참모총장이던 1988년, 대형 수송기 C-130 허큘리스를 도입하고 공수비행대대를 창설했답니다. 무지 겁나는 게 공중수송이랍니다. 자기 같으면 그런 위험천만한 공수작전은 일언지하에 'No'였을 거랍니다.
터너 로저스 대령! 그야말로 터프가이(Tough Guy : 사나이다운 사나이)였고 전형적인 무인(武人)이었답니다.
그런데 가슴속에는 박애정신과 휴머니즘이 흐르는 그런 사나이였답니다.

행동대장 딘 헤스 대령은 초기 우리 공군전투기 조종사들의 교관이면서 가장 어려웠던 한국전쟁 초기에 250회나 출격한 역전의 용사였답니다.

그의 애기(愛機)에 새겼던 문구 '신념의 조인(信念의 鳥人, By Faith I Fly)'은 우리 조종사들의 귀감이었답니다.

딘 헤스 대령의 일사불란한 지휘로 1950년 12월 20일 오전 1,069명의 전쟁고아들을 실은 수송기 16대가 울퉁불퉁한 김포비행장 활주로를 무사히 이륙해 제주로 향합니다.

변덕이 심한 겨울의 하늘을 떼 지어 나릅니다.

하나님이 미소를 짓습니다.

고아들을 빼곡히 실은 수송기들이 황량한 제주비행장에 한 대 두 대 무사히 착륙을 합니다.

터프가이 로저스 대령의 결단, 신념의 조인 딘 헤스 대령의 지휘로 '유모차 공수작전'이 성공적인 막을 내립니다.

러셀 블레이즈델 목사의 간절한 기도가 하늘에 닿았던 것입니다.

진짜 영웅

영화라는 게 그렇잖아요?
주연을 영웅으로 극화하다 보니 딘 헤스 대령이 주인공이 되었습니다.

영화 〈전송가〉를 보았든 안 보았든 딘 헤스 대령은 우리 국민들에게 최고의 영웅으로 각인이 되었습니다.

2008년쯤으로 기억합니다.

'유모차 공수작전'의 진짜 주인공은 러셀 블레이즈델 목사였다는 기사가 자세하게 언론에 보도되었습니다. 너무나 감동적인 이야기여서 제가 발행하는 잡지에 칼럼으로 쓴 적이 있습니다.

'유모차 공수작전'은 기획, 준비, 진행, 뒤치다꺼리까지 모두 그의 손을 거친 작전이었답니다. 그런데 그는 오른손의 적선(積善)을 왼손에게도 숨긴 철저한 신앙인이었습니다.

놀라운 것은 이 사건으로 목사님은 군검찰 조사까지 받고 군사재판에 회부되어 곤욕을 치릅니다.

재판장에게 진술합니다.

"누군가는 반드시 그 일을 해야 했습니다."

"내 임무가 죽음에 내몰린 아이들을 버리는 것이라면 곧바로 군복을 벗겠습니다."

재판장은 단죄할 수가 없었답니다.

50년이 지난 2000년 9월 그의 90회 생일날, 목사님은 희한한 편지를 받습니다. 엄청나게 높은 분들이 보낸 것입니다.

당시 코언 국방부 장관, 쉘던 합참의장의 서신입니다.

50년 전 한국전쟁 당시, 고아구출작전에 대한 감사의 편지였습니다.

군사재판에 대한 사죄의 뜻이었답니다.
2003년엔 미 공군이 군목대상(軍牧大賞)을 수여합니다. 장병들의 인간성을 지켜준 가장 훌륭한 군목에게 주는 상이랍니다. 목사님은 진정 천사의 후예였습니다. 진짜 영웅은 블레이즈델 중령이었던 것입니다.

숨은 천사

이 글을 쓰면서 아주 오래전 뇌리에 남아 있던 기억의 퍼즐들을 맞추어가며 자료들을 뒤졌습니다.
유모차 작전의 배후에는 우리가 반드시 기억해야 할 천사, 두 분이 더 있었더라구요.
두 분 다 한국인입니다. 두 천사의 이야기를 씁니다.

30년이 넘었네요.
1990년대 초쯤 되려나, 어쩌다 대한항공 항공의료자문위원이 됩니다. 기장을 비롯한 승무원들의 건강을 관리하는 직책입니다.
수백, 수천 미터 상공이 일터인 기장을 비롯한 승무원들의 건강은 탑승객들의 안전과 직결이 됩니다. 철저한 관리가 필요한 것이지요.
특히 공군의 전투기 조종사들은 몸값이 가장 비싼 군인입니다.

그들이 몰고 다니는 초음속 전투기는 수백, 수천억 원짜리 무기입니다. 조종사 한 명을 양성하는 데 수십억 원이 듭니다.

이들을 선발하고 관리하는 군의관들은 전문적인 교육과 훈련을 거친 자격증이 필수입니다. 공군에서는 '비행군의관(Flight Surgeon)'으로 부릅니다.

아무리 우수한 파일럿(조종사)이라도 비행군의관의 불가(不可) 판정이면 조종간을 잡을 수 없습니다.

파일럿들이 가장 겁내는 군의관입니다.

우리나라 최초의 비행군의관에다 항공우주의학회까지 창립한 전설의 공군군의관이 있습니다. 아주 특별한 의사입니다.

행방이 되던 1945년 세브란스 의학전문학교를 졸업한 외과 의사입니다.

20대에 군에 입대, 한국 공군의 의무병과를 창설한 초기 공군군의관 중 한 분입니다.

제5대 공군의무감을 역임한 계원철(桂元喆) 준장입니다. 전역 후에도 하버드대학에서 항공의학 석사학위까지 받습니다. 장군이기 전에 학자였던 분입니다.

김포공항 의무실, 대한항공 공항보건관리실을 창설하고 항공우주의학회를 창립하신 선구자입니다.

항공의료자문위원들이 하늘같이 모시는 분입니다.

자연스럽게 선생님으로 부릅니다.

처음엔 먼발치에서나 뵙다가 한두 번 술자리를 같이한 적이 있었지요.

뇌리 한구석에 계 선생님의 '유모차 작전' 이야기가 남아 있더라구요.

수소문을 하고 자료를 뒤지다 보니 딘 헤스 대령의 통역을 맡고 블레이즈델 목사의 오른팔이었답니다.

군목이 돌보던 고아들의 병치레도 다 치료를 해주었답니다.

유모차 공수작전의 온갖 뒷바라지를 도맡아 해주었답니다.

1,000여 명의 고아들이 제주에 도착한 후에도 틈틈이 내려와 아픈 아이들을 치료해 주고 예방주사를 놔주었답니다.

구호품 모집에도 팔을 걷었답니다.

계원철 선생님! 유모차 공수작전의 뒤에 '숨은 천사'였습니다.

이 역사적인 고아 공수작전을 위해 동분서주한 한국인 의사가 있었다는 사실도, 26세의 앳된 청년 군의관이었다는 사실도, 가는 세월에 묻혀버립니다.

아주 다행인 것은 자료를 뒤지다 보니 몇 해 전 제주시에 '예주랑'이란 연주, 전시, 숙박이 가능한 문화공간이 생겼는데 '부속 도서관'이 계원철 선생님의 업적을 기리는 기념 공간이더라구요.

역시 세상은 'Yes'입니다.

어딘가 역사를 기록하는 분들이 계시더라구요. 얼마나 감사한 일인지….

선생님은 그야말로 지(智), 덕(德), 체(體)를 갖추신 장군이었지요. 이 아담한 도서관에서 책을 읽는 젊은이들이 계원철 선생님의 박애와 애국의 신념을 조금이라도 새길 수 있었으면 정말 좋겠습니다.

전쟁고아의 어머니

역사적인 고아 공수작전을 극화한 영화 〈전송가〉에서 인도계 여배우 애너 카슈피(Anna Kashfi)가 어눌한 한국어로 보모 역을 맡습니다. 영화에서는 극적인 반전을 위해 고아들과 피난길에 나서다 공습으로 목숨을 잃습니다. 영화를 본 관객들은 모두 손수건을 적십니다.

사실은 엄연히 살아서 고아 공수작전의 대미를 마무리한 '전쟁고아의 어머니'로 불리는 여성이었습니다.

삭풍이 몰아치는 제주도에 내린 1,000명이 넘는 고아들을 어떻게 먹이고, 어디서 재우고, 무얼 입힐지… 아이들의 목숨이 경각을 다툽니다.

전황이 급박한 상황에서도 이승만 대통령은 이 인도적인 공수작전 소식을 듣고 감동의 눈물을 흘렸답니다.

즉시 한국보육원이라는 고아원을 설립하고 영화 속의 보모였던 여성을 제주로 내려보내 아이들을 맡깁니다. 바로 고 황온순(黃溫順) 여사입니다. 마땅히 선생님으로 부릅니다.

황 선생님에 대해 관심을 갖게 된 사연이 있었지요.

30여 년 전쯤 되려나? 우리나라 건국의 아버지 이승만 대통령의 양아드님인 고 이인수 박사님을 치료해 드렸습니다. 수술을 하다 보니 10여 일간 입원을 합니다.

단아한 모습이 영락없는 조선의 선비이십니다.

며칠씩 입원을 하다 보면 자연히 스스럼이 없어지고 주변 이야기도 나누게 됩니다. 파란만장했던 이승만 대통령의 아드님이시다 보니 순탄한 삶을 사실 수가 없었지요. 이승만 대통령에 관한 서적, 화보도 많이 주셨습니다.

긴 세월이 지납니다.

재작년 봄인가 봐요.

로타리 동아리 회원들과 함께 이화장(梨花莊)을 방문합니다.

저도 틈을 내어 동행합니다. 고령이신 이인수 선생님을 뵙고 싶은 마음이 더 컸지요. 그때만 해도 거동은 좀 불편하셨지만 정정하시더라구요.

이화장을 처음으로 구석구석 돌아봅니다.

명당이란 게 이런 곳인가 봅니다. 남향의 언덕 아래 널찍한 터에 들어선 집채들이 품위가 넘치더라구요. 누군가 황온순 선생이 희사한 저택이란 설명이, 저의 머릿속 구석에 남습니다.

이 글을 쓰면서 자료들을 찾아보니 사실이더라구요. 1,500평이 넘는 장안의 대저택인데, 이를 귀국한 애국지사에게 선뜻 내놓았답니다.
대통령이 된 이승만 박사와 깊은 인연을 맺게 됩니다.
황온순 선생님! 역시 이화여전 보육과를 졸업한 신여성입니다.
한국전쟁 전부터 작은 보육원을 이끌고 있었습니다.
비운의 회오리바람이 그녀를 덮칩니다.
1950년 유엔 장학생으로 런던에서 사회복지에 대한 연수를 받을 때입니다.
전쟁이 터집니다.
열아홉 살 아들의 실종 소식을 듣습니다. 생사조차 묘연합니다.
부랴부랴 귀국을 했지만 삶의 의욕을 잃습니다. 식음을 전폐하다시피 했답니다.
이승만 대통령이 이 소식을 듣고 그녀를 일으켜 세웁니다.
"아들 하나를 잃은 대신 1,000명의 아이들을 키워보라!"라고 달랩니다.
당장 제주도로 내려보냅니다. 유모차 공수작전으로 제주에 도착한 고아들을 맡깁니다. 한국보육원을 맡긴 겁니다.
곰곰이 생각해 봅니다.
할리우드의 영화처럼 극적인 고아 구출은 성공하였지만 진짜 진짜 피눈물 나는 전투를 치른 것은 바로 그녀였습니다.
전황은 급격히 악화되고 나라 자체가 와들와들인데 누가 고아들에게 쌀 한 톨 나누어 주겠습니까?

그야말로 아이들을 먹여 살리기 위해 죽기 살기로 대들었답니다.
쌀 한 톨 섞이지 않은 구호품 밀밥에 소금에 절인 미역국만으로 끼니를 때웠답니다.
배고픔에 지친 아이들이 밤이면 주변 농가의 밭에 들어가 농작물을 훔치는 바람에 엄청 곤혹스러웠답니다.
영화 〈전송가〉를 계기로 많은 언론과 인터뷰를 했는데, 제주 시절 이야기는 너무나 끔찍해서 꺼내기조차 싫었답니다.
전쟁 중이라 그래도 군부대만이 전투식량이나 담요, 야전침대가 있어 발이 닳도록 쏘다녔답니다.
풍부한 물자에다 선한 인성을 지닌 미군들의 도움을 잊을 수가 없었답니다.
틈틈이 구호물자를 싣고 찾아주는 딘 헤스 대령, 러셀 블레이즈델 목사님은 언제나 수호천사였답니다.
휴전이 되고 1955년 아이들과 함께 서울로 돌아옵니다.
1970년 양주군 장흥면으로 옮겨 현재의 한국보육원을 제대로 건설합니다.
바로 꿈에도 잊지 못하는 아드님이 실종된 곳입니다.
그동안 7,000여 명의 고아들을 키워냈습니다. 박사, 교수, 화가, 스님… 모두가 의젓한 사회인으로 성장했답니다.
선생님은 아들딸 7,000여 명을 키워낸 전설의 어머니입니다.
한국의 마더 테레사란 말, 헛말이 아닙니다.

평양 대탈출

평양의 12월 초, 18살 소년이 10살짜리 여동생을 데리고 폭격으로 부서진 대동강 철교를 기어오릅니다.

글을 쓸 때면 떠오르는 얼굴이 있습니다.
단아한 면모, 사근사근한 경상도 사투리, 대기자다운 날카로움….
제 글쓰기 선생님이었던, 지금은 고인이 되신 전 중앙일보 최우석 주필에 대한 기억들입니다. 나이는 동년배였지만, 깍듯이 선생님으로 모셨지요.
4~5년 전쯤 되나, 현충일 무렵인 6월 어느 날, 외래가 끝날 무렵 진료실에서 커피를 들며 세상 돌아가는 이야기를 나눕니다. 촛불, 좌편향의 정국, 태극기 행렬… 나라 걱정이 태산입니다.
문득 제가 쓴 칼럼 중에 '데스퍼 기자의 대동강 철교'가 그리 좋았답니다.
이상합니다. 의기 소통하면 교감이라는 화학반응이 일어나나 봐요.

한국전쟁은 좁은 땅덩어리에서 일어난 역사상 가장 잔인했던 전쟁이었답니다. 한민족 간의 내전이었는데 무려 20여 개 나라의 군인들이 피를 흘린 거대한 전쟁이 되었답니다. 그런데 이 지독했던 6·25 전쟁을 제대로 그린 소설이나 영화가 없다는 게 안타깝답니다.

사실 인천상륙작전, 장진호전투, 흥남철수작전은 대작 영화나 소설의 무대가 되고도 남는답니다. 노르망디 상륙작전을 전무후무한 규모로 재현한 〈지상 최대의 작전(The Longest Day)〉, 처절했던 이스라엘의 건국 과정을 그린 〈영광의 탈출(Exodus)〉 같은 대작들이 나올 때가 되었답니다.

아니, 그래야 된답니다.

족집게 귀신인가? 저의 생각과 똑같은 바람을 이야기합니다.

그날따라 점심까지 미루며, 영화 이야기에 흠뻑 빠집니다.

선생님도 까까머리 시절 영화라면 사족을 못 썼답니다. 극장에서 훈육 선생에게 들켜 숱하게 맞았다며 파안대소합니다.

"권 선생! 우예 영화에 빠졌는교?"

"한창때는 동대문의 스필버그였다문서요?"

대기자의 근성인지 제 과거를 탈탈 털어내는 질문을 계속 던집니다. 할 수 없이 끌려가며 '딴따라'에 미쳤던 이야기를 합니다.

동대문 스필버그

팔자 이야기를 합니다.

사실 어렸을 때의 꿈은 영화감독이나 카메라맨이 되고 싶었습니다. 의사가 되리라고는 꿈도 꾸지 않았습니다.

북청 물장수의 후예인 홀어머니의 닦달에 못 이겨 의과대학을 갔거든요.

영화에 대한 미련을 못 버려, 그 바쁜 의대생이 하라는 공부는 안 하고 영화평론 모임을 기웃거리거나 학보에 영화평 써서 막걸리 값을 벌기도 했습니다.

칼잡이 의사가 되고 의과대학 교수가 되면서 이미 영화는 꿈속에서도 사라졌을 때입니다.

팔자라는 게 이런 건가 봅니다. 1979년 파리 국제비뇨기과학술대회에 어렵게 참석을 했지요.

'아니 이럴 수가!?'

경천동지의 신천지를 봅니다.

학술영화만 발표하는 코너가 따로 있더라구요.

자기만의 독특한 수술기법을, 자기가 개발한 수술기구의 실제 사용 장면을 영화로 발표하더라! 이겁니다. 학술영화 예닐곱 편을 보여주며, 발표장을 좌지우지하는 바르셀로나대학의 질 버넷(Gil Vernet) 교수가 마치 천지신명(天地神明)으로 보입니다.

백문이 불여일견이잖아요.

생생한 수술 장면이 아름다운 음악과 함께 흐릅니다.

흑판 강의나 글로 쓴 논문은 봉황을 쫓아가는 뱁새더라구요.

시청각교육의 백미(白眉)를 본 거지요. 심봉사가 눈을 뜬 겁니다.

들입다 두들기니 문이 열리더라구요. 우여곡절 끝에 6년 후인 1985년 바르셀로나대학으로부터 초청을 받습니다.

꿈에도 그리던 질 버넷 교수의 지도로 학술영화의 촬영기법, 조명, 편집에 눈을 뜹니다.

대학병원 비뇨기과에는 전속 영화사가 있고 수술실은 촬영과 조명시스템이 완비된 스튜디오 그 자체입니다. 학문적으로 특별한 응급수술이면 한밤중에라도 촬영을 합니다. 바로 '시네마 천국'이더라구요.

극영화든, 기록영화든, 학술영화든, 문제는 역시 '쩐'입니다. 아무리 단편영화라도 8mm든, 16mm든, 필름으로 찍는 영화는 제작비용이 천정부지입니다.

국민개보험의 시행으로 적자 경영에 허덕이는 우리 대학의 형편으로는 언감생심 엄두도 못 낼 일입니다. 아무리 머리를 쥐어짜도 시계(視界) 제로입니다.

오르지 못할 나무는 쳐다보지 않기로 작심을 합니다.

귀국 후 어느 날, 하늘이 돕습니다. 아니, 과학기술이 도운 거지요. 1980년대가 끝나갈 무렵 간편한 비디오 시스템이 개발되고 젓가락 굵기의 내시경에 부착할 수 있는 카메라가 개발됩니다.
원장에게 온갖 애교를 다 부려가며 천신만고 끝에 촬영 시스템을 갖춥니다.
이왕이면 다홍치마이지요. 비디오카메라도 방송용으로 마련합니다. 선명도가 끝내줍니다.
비대한 전립선 조직을 전기 칼로 절제하는 장면이, 레이저광선으로 방광암 조직을 태워(燒灼) 버리는 장면이 고스란히 촬영되고 녹화됩니다.
문제는 편집, 녹음, 자막 작업을 당시 몇 안 되는 사설 스튜디오에 맡겨보니 지갑, 통장이 비명을 지르더라구요. 아내한테 쫓겨나기 직전입니다.
궁하니 통하더라구요. 몇 년 전, KBS 3TV(EBS의 전신)에서 의학 프로그램을 맡아 진행할 때 함께했던 스태프들의 도움을 잊을 수가 없습니다.
동영상 제작에 빠진 이 칼잡이 의사가 딱했던지 팔 걷고 도와줍니다.
편집, 더빙(녹음), 자막 삽입은 꼭두새벽 아무도 없는 방송국 편집실에 몰래 들어가 작업을 했습니다. 완전히 도둑의 심보였지요. 이 도둑 편집의 공범들인 PD 친구들의 은혜는 그야말로 '가이없어라'입니다.
선생님이 중간중간 초를 칩니다. "오매, 미쳐도 한참 미쳤네요!"

중앙일보 시절, 동양TV를 창업하면서 화면 하나하나가 돈으로 도배된다는 걸 알았답니다.

한참 동안 미치다 보니, 알아주는 사람도 생기고 박수도 받게 되더라구요.

1991년인가, 일본 하코네에서 열린 제3회 국제동영상비뇨기과학회에서 '올림퍼스 상'을 받아 우쭐했지요.

20세기 최고의 의료장비로 알려진 충격파 쇄석기에 의해 콩팥 안에서 돌(결석)이 산산이 부서지는 장면이 생생하게 화면에 뜹니다. 콧대 높은 하얀 피부, 파란 눈들이 기립박수를 보내더라구요.

5년 뒤 17편의 작품들을 모아 동영상 의학 비디오CD를 제작합니다. 우리나라 최초의 전자출판이었지요. '억!' 소리 나는 제작비가 들었는데 지성이면 감천인지 LG전자가 후원을 해주더라구요.

출판기념회에서 동영상 작품들을 본 언론들도 뱃속의 경이에 박수를 칩니다.

월트디즈니의 기록영화, 〈사막은 살아있다〉처럼 인체의 신비를 담았다고 칭찬을 합니다.

어느 언론에서 '동대문의 스필버그'라는 별칭을 붙여주더라구요. 일부 의료계에서는 별짓 다 한다는 소리도 들었지만 말입니다.

기자 근성으로 꼬치꼬치 질문을 합니다.

호랑이 담배 먹던 시절 이야기는 그만하자고, 제가 이야기를 돌립니다.

퓰리처 수상 사진

선생님 말씀대로 한국전쟁을 제대로 그린 대작 영화 하나 나왔으면 좋겠습니다. 오랫동안 제 가슴속에 잠자고 있던 이야기를 할게요.
"선생님, 퓰리처상을 받은 이오지마(硫島)전투 중 스리바치산(摺鉢山) 정상에다 해병대가 성조기 꽂는 사진 기억하세요?"
"아따! 별난 의사네. 우에 그 사진을 기억하능교?!"
조 로젠탈(Joe Rosenthal) 기자가 찍은 사진인데 제목이 '성조기 스리바치산에 게양되다'였어요.
이 한 장의 사진이 2차 대전 말기 전쟁에 지쳤던 미국인들에게 애국심을 되살린 최고의 사진이었다고 손짓, 발짓까지 하며 신이 납니다.
이 사진 한 장으로 군대 가기 싫어하던 미국의 젊은이들이 전국의 모병소로 몰려갔답니다.
스티븐 스필버그와 클린트 이스트우드가 이 사진을 주제로 만든 〈아버지의 깃발〉에도 열을 올립니다.
이번에는 제가 끼어듭니다.
이 나라의 영화인이라면 꼭 영화로 살려야 할 사진이 하나 있다구요!
선생님이 앞에서 지적한 '데스퍼 기자의 대동강 철교' 사진 말입니다. 이 사진도 퓰리처상은 받았잖아요?

퓰리처상을 수상한 조 로젠탈 기자의 '성조기, 수리바치산에 게양되다'.
ⓒ 1945, Joe Rosenthal (출처 위키피디아)

데스퍼 기자의 '대동강 철교'

부서진 대동강 철교를 필사적으로 기어오르며 건너는 피난민들의 눈물겨운 모습을 담은 맥스 데스퍼(Max Desfor) 기자의 사진을 들여다보면 영화적인 요소가 너무나 많아요. 피난민들의 사연, 당시의 전투 상황 모두가 드라마틱하잖아요?
"맞다, 참말로 그러네!"
기자 이야기에 우리 선생님 더 신이 납니다.
AP통신의 데스퍼 기자, 대단한 종군기자였답니다. 미군 공수부대 장병들과 함께 수송기에서 낙하산 타고 평양지역에 뛰어내려 평양 대탈출을 취재한 막가파 종군기자였답니다. 〈라이프〉지에 실린 이 사진 한 장으로 한국전쟁의 비극이 미국인들의 심금을 울렸고 각국의 원조를 이끌어냈답니다.
퓰리처상 이야기가 나오면서, 한 장 사진의 파급효과가 그야말로 일파만파였다는 사실에 놀랍니다.
데스퍼 기자의 부서진 대동강 철교를 필사적으로 건너는 장면을 자세히 보면 자유가 얼마나 소중한지, 공산주의가 얼마나 살벌한 체제인지 가장 잘 보여주는 기록사진이랍니다.
제가 끼어듭니다.
추위가 빨리 오는 북한 지역, 1950년 12월 4일 살얼음이 낀 부서진 철제 난간을 부여잡고 개미 떼같이 강을 건너는 남부여대의 피

1951년 퓰리처상을 수상한 맥스 데스퍼 기자의 '대동강 철교'.
ⓒ 1951, Max Desfor (출처 AP·연합뉴스)

난민들!

역사상 전무후무한 엑소더스(대탈출, 출애굽기) 장면입니다. 우리 영화계도 컴퓨터그래픽, 헬리캠(항공촬영시스템), 첨단화된 촬영장비뿐만 아니라 제작비 규모가 세계적 수준이 됐잖아요? 이 장면을 제대로 연출한다면 오스카상쯤 저리 가라 아니겠어요?

대기자 선생님 무릎을 칩니다.

"히야, 우예 그런 생각까지 했능교?"

"그 고리타분한 학술영화는 집어치고 진짜 극영화 하나 찍으소!"

"권 선생! 그 가운 벗고 영화감독으로 나가던지 영화제작자로 나서는 게 어때!"

"더 미치면 쪽박 차게요!"

둘이 박장대소를 합니다. 기가 막힌 주제랍니다.

자유의 소중함, 민주주의와 공산주의의 차별성을 적나라하게 보여주는 정치적인 의미가 더 크답니다.

영화 외적인 엄청난 뜻이 담긴 사진이랍니다.

6·25 전쟁의 처참함을 모르는, 이상하게 변질된 요즘의 젊은 세대들에게 자유민주주의에 대한 최고의 교과서가 될 거랍니다.

갑자기 심각해집니다. 요즘 세상 돌아가는 꼴을 보면 반드시 세상에 나와야 할 영화랍니다. 나라 걱정에 잠이 안 온답니다.

이번에는 웃기는 이야기를 합니다.

"이럴 줄 알았으면 말야, 돈이나 왕창 벌어 권 선생 영화제작에 전주 노릇이나 할 걸 그랬어!"
주책없는 늙은이들의 망상이지만, 둘이 무릎을 치며 맞장구를 칩니다.
각설하고,
이제 부서진 대동강 철교를 건너온 어느 삼팔따라지의 슬픈 이야기를 씁니다.

군복 아재, 두 번째 이야기

동대문 청계천 시장의 터줏대감인 군복 아재의 두 번째 이야기를 다시 합니다.
명색이 동대문 포목시장의 터줏대감인데, 사시사철 검게 물들인 군복만 입고 다니는 군복 아재! 세상에서 제일 싸구려 옷이랍니다. 동대문 상이군경회를 이끌고 있으니 아직도 자기는 국군용사랍니다. 그래서 물은 들였지만 군복을 입어야 한답니다. 알 것 같습니다. 데려오는 환자마다 상이군인이거나 그 가족들이더라구요.
겉만 보고 알 수 없는 게 사람입니다.
한두 번 보고 가늠할 수 없는 게 사람입니다.
들여다볼 수 없는 게 사람 속입니다.
천하의 구두쇠, 지독한 장사꾼이지만 마음은 언제나 옥색 비단이더라구요. 환자를 소개할 때는 반드시 환자를 직접 데리고 옵니다.

그뿐입니까? 결코 빈손이 아닙니다. 호떡, 찐빵, 꽈배기, 순대… 한 봉다리씩 들고 옵니다.

전공의, 간호사들이 좋아하지 않을 수가 없습니다.

우리 비뇨기과 최고의 VIP입니다.

수완 좋은 장사꾼이다 보니 제 일정을 다 꿰고 있습니다. 조금 한가한 토요일이나 퇴근 무렵에 쳐들어옵니다.

새참이 그리울 때쯤 간식을 한 보따리씩 들고 오니 젊은 교수들도 언제나 환영입니다.

진한 농담이나 반말에도 정이 가는 그런 환자입니다.

찜통더위가 극성일 무렵입니다.

역시 진료가 끝날 때쯤 "권 박사 있네!" 하고 옥양목으로 싼 커다란 보따리를 들고 들어옵니다. 땀을 뻘뻘 흘립니다. 간호사들에게 냅다 소리를 지릅니다.

"거, 냉 고히(커피의 일본어 발음) 한 잔 개오라우!"

"햇강냉이 찐 거니께 식기 전에 날래 먹으라우!"

임의롭기 그지없습니다.

환자를 데려왔답니다. 희한한 병이랍니다. 꼭 살려야 한답니다.

조카랍니다.

"웬 조카가 그리 많아요?"

"전우(戰友) 딸이면 다 조카 아니갓서?!"

환자를 소개할 때마다 꼭 데리고 오는 군복 아재!

동대문, 청계천의 상이군인들은 다 형(형의 평안도 사투리) 아니면 애끼(동생의 평안도 사투리)입니다. 아마도 친할 때 쓰는 호칭 같습니다.
대학생 나이의 앳된 처녀입니다.
고운 얼굴인데 잔뜩 겁에 질린 모습이 애처롭습니다.
간호사가 재온 혈압에 놀랍니다. 20대 여성의 혈압이 '160'을 훌쩍 넘다니?! 왼쪽 옆구리 쪽이 결릴 때가 많답니다. 가슴이 벌렁벌렁할 때도 있답니다.
"생리는 어때요?"
요 몇 년 동안 왔다갔다한답니다.
뇌리에 언뜻 스쳐가는 질병이 있습니다. 파파 할머니로 보이는 어머니가 왔지만 보호자는 역시 군복 아재입니다.
병의 심각성을 설명하고 입원을 권유합니다. 군복 아재가 제 손을 잡습니다.
여느 때와 달리 아주 진지합니다. 양의원, 한의원, 침술원, 오만 데를 찾아다녔는데 가는 곳마다 말이 다르답니다.
어느 의사가 비뇨기과에 한 번 가보라고 하더랍니다.
"내레 어딜 가갔어?"
"저 체녀(처녀의 평안도 사투리)는 무조건 살려주라우!"
"쟤 아바이(아버지)가 '개병대'라구!"
"권 선생도 해병대니께, 살려내라우!"

"내 애끼 같은 친구라구!"

피안도 사람들의 '형', '애끼'란 말, 괜히 정이 느껴지는 호칭입니다.

입원을 합니다.

24시간 소변검사에서 부신호르몬 수치가 요동을 칩니다.

요로조형술, 복부초음파, 도입한 지 얼마 안 되는 CT(전산화단층촬영) 검사를 합니다.

왼쪽 부신종양으로 진단이 내려집니다.

부신(副腎)이란 게 콩팥 위에 붙은 2~3cm 크기의 고깔모자 같은 내분비기관입니다. 여러 가지 호르몬을 분비하는 아주 중요한 장기이지요.

아주 작은 달걀 크기의 종양입니다. 수술이 어려운 것도 아니지만 칼잡이 의사들이 겁내는 게 하나 있습니다. 부신에서 나오는 혈압 상승 물질 때문에 잘못 건드렸다간 혈압이 천정부지로 치솟습니다. 혈압이 오르면 출혈도 감당이 불감당이거든요.

마치 폭탄처리반이 지뢰를 제거하듯 신경이 곤두서는 수술입니다. 종양은 건드리지 않고 우선 혈관부터 신주 모시듯 제거합니다. 칼잡이 의사들에겐 가장 식은땀 나는 순간입니다.

작은 달걀만한 종양을 무사히 들어냅니다. 젊은 처녀이니 20여cm나 되는 창상도 직접 정성 들여 꿰맵니다. 시집도 안 간 처녀인데 긴 흉터가 고울 리 없잖아요.

위급한 상황이 아니더라도 부신 종양수술 후에는 2~3일 정도 중환자실에서 밀착 간호를 합니다. 혈압이 요동치면 내출혈이 겁나거든요.

입원 2주째가 되니 치솟던 혈압도 잠잠해집니다. 가슴이 벌렁벌렁하던 심계항진(心悸亢進)도 사라집니다.

환자의 어머니를 봅니다. 60도 안 됐다는데 파파 할머니입니다. 군복 아재의 귀띔에 의하면 보따리 장사 30년에 허리까지 굽어졌답니다.

아버지는 따발총에 무릎을 맞아 뻗정다리랍니다. 다행히 절단은 면했답니다.

민망한 것은 회진 때마다 부부가 합장을 하면서 90도로 절을 합니다. 따님의 병세에 대해 질문도 없습니다.

양재학원에 다닌다는 따님도 조신하기 그지없습니다. 그 아픈 통증도 묵묵히 참아냅니다. 의사들의 말에는 무조건 복종합니다.

군복 아재가 입에 거품을 물고 칭찬을 합니다. 이런 효녀가 없답니다.

환자가 퇴원하는 날, 군복 아재가 너스레를 떱니다. 조카 에미나이가 살았으니께 이런 날은 한 고뿌(한 잔)해야 된답니다.

"레지덴또 선생들도 다 가는 기야!"

시장 안에 기찬 횟집이 생겼답니다.

제가 딴지를 겁니다.

조카는 의사 입장에서 보면 귀하디귀한 환자다!
부신 종양이라는 게 아주 희귀한 병이고, 수술도 어렵다. 이번 수술로 우리 선생들에게 큰 공부가 되었다!
그러니 제가 한턱 쏴야겠다!
이왕이면 삼팔따라지들의 고향, 아바이 순댓집으로 가자!
"의사 말 안 들으면 주사바늘로 찌를 끼요!'라고 엄포를 놓습니다.
한참 실랑이 끝에 동대문시장 골목 아바이 순댓집으로 갑니다.
시도 때도 없이 인정을 베푸는 군복 아재! 늘 술 한잔 대접하고 싶었거든요.
젊은 교수들과 전공의들이 떼를 지어 몰려갑니다. 군복 아재, 환자 아버지와 셋은 따로 자리를 잡습니다.
피안도, 함경도 사투리가 난무하고 간간이 김일성 종간나○○ 소리도 들립니다. 삼팔따라지들의 밤무대입니다.
역시 술안주의 으뜸은 군대 이야기입니다.
술기운이 거나해지자 도통 말이 없던 환자 아버지도 입이 열립니다.
휴전을 앞두고 한미(韓美) 해병대의 백병전으로 유명한 펀치볼(강원도 양구군) 전투에서 따발총에 무릎을 맞아 뻗정다리가 되었답니다.
절단 안한 것만 해도 천만다행이랍니다.
'애끼'씨의 소설 같은 가족사가 조금씩 조금씩 흘러나옵니다. 군복 아재도 간간이 끼어듭니다.

전쟁은 비극의 씨앗

평양 대폭격으로 부모님 모두 잃고 18살 소년이 10살짜리 여동생을 데리고 폭격으로 부서진 대동강 철교를 기어오릅니다. 겨울이 일찍 오는 평양의 12월 초, 살얼음이 낀 철제 난간을 부여잡고 부서진 대동강 철교를 건넙니다.
어린 여동생을 밀고 당기며 건너다 그만 동생이 미끄러져 대동강 물속으로 사라졌답니다. 손쓸 새도 없었답니다.
군복 아재의 증언입니다.
개미떼같이 부서진 대동강 철교를 건너다, 미끄러지거나 쇠난간을 놓쳐 대동강의 물귀신이 된 피난민들이 부지기수였답니다.
〈라이프〉지에서 보았던 맥스 데스퍼 기자의 사진이 주마등같이 떠오릅니다.
비명조차 지르지 못하고 그 차가운 대동강 물속으로 사라진 여동생의 모습을 잊을 수가 없었답니다.
자기는 죄일 놈이랍니다.
동생 또래의 초등학생들을 보면 죄의식에 치를 떨었답니다. 시도 때도 없이 꿈에도 보인답니다. 선하디선한 '애끼'씨 눈이 그렁그렁해지더니 소주잔에 닭똥 같은 눈물이 떨어집니다.

초등학생 두 딸의 애비인 저도 눈시울이 뜨거워집니다.
참으로 전쟁은 비극의 씨앗입니다.
단순히 먹고 살기 위해 나이까지 속여 가며 해병대를 지원했답니다. 죽을 고비도 수도 없이 넘겼답니다. 펀치볼 전투에서 무릎 부상을 입고 의병제대를 합니다.
뻗정다리로는 막일도 할 수 없어 삼시 세끼조차 거르기 일쑤였답니다.
다행히 무전병이었기에, 통신장비 수리에는 자신이 있었답니다. 청계천 라디오 수리점에 일자리를 얻어 겨우 연명을 했답니다. 악착같이 돈을 모아 두 평짜리 가게를 얻어 수리점을 냈답니다. 이제는 살 만하답니다.
하늘이 축복을 내립니다.
40이 훌쩍 넘은 노총각에게 가뭄에 단비가 내립니다. 가게 옆에 호떡과 붕어빵을 구워 파는 여인을 만납니다. 남편과 사별하고 사는 과부랍니다.
방과 후엔 엄마 일을 돕는 초등학생 딸내미를 보고 기겁을 했답니다.
'세상에 이럴 수가?!'
대동강에서 잃은 여동생과 어쩌면 그리 닮았는지… 눈을 의심했답니다. 이 아이가 가게를 나오면 일부러 과부댁 호떡과 붕어빵을 사다 먹었답니다. 그러다 노총각과 과부댁은 결혼을 했답니다. 군복 아재가 자원해서 주례를 했답니다.
애끼씨가 무겁게 입을 엽니다.
대동강에서 잃어버린 누이동생의 영혼이 맺어준 인연 같답니다. 한순간도 남의 딸이라고 생각한 적이 없답니다. 친딸 이상으로 사랑한답니다.
제 손을 잡습니다.
아버지의 사랑이 전류가 되어 제 가슴에 전해옵니다.
제 손 위에 눈물이 떨어집니다.
딸을 살려주어 너무나 고맙답니다. 제가 생명의 은인이랍니다.
군복 아재가 큰소리로 끼어듭니다.
"기럼! 생명의 은인이야!"
대학을 보낼 돈도 다 모아 놓았답니다. 딸은 한사코 양재학원을 택했답니다. 옷장사라도 해서 부모님을 모시겠다는 효녀라고 군복 아재의 칭찬이 그치질 않습니다.

그날 밤, 부서진 대동강 철교를 건너는 피난민들을 대형화면으로 촬영하는 꿈을 꿉니다.
부서진 철교 세트 위에 피난민 복장을 한 수백 명의 엑스트라들이 움직입니다. 화면 속에는 '애끼'씨 남매의 모습도 보입니다. 워낙 대형 몹씬(Mob Scene : 군중 장면)이다 보니 크레인 위에서 찍습니다. '레디 고!'를 알리는 총소리에 잠을 깹니다.

전쟁은 비극의 생산 공장입니다.

한국전쟁! 이 좁은 땅에서 무려 500만 명이 죽고 1,000만 명의 가족들이 갈가리 찢어진 가장 참혹한 전쟁입니다.

우리들 세대는 꿈속에서도 부르던 '6·25 노래!', 애국가 다음으로 많이 부르던 노래인데 어쩌다 잊혀진 노래가 되고 가사까지 바뀌었답니다.

호국보훈의 6월, 한 달만이라도 박두진 시인의 노랫말을 기억하자구요!

그리고 큰소리로 한번 불러보자구요!

아아 잊으랴 어찌 우리 이날을
발을 굴러 땅을 치며 의분에 떤 날을
자유를 위하여서 싸우고 또 싸워
다시는 이런 날이 오지 않게 하리…

우리는 두 눈 뜨고 똑똑히 보아왔습니다.

자유! 평화! 시장경제! 맨입으로 얻은 게 아니라는 사실을!

아아 어찌 잊으랴

흥남철수! 아비규환의 지옥에서 핀, 가장 인간적인 군사작전이었습니다. 흥남의 모세였던, 쉰들러였던 분들도 머나먼 하늘길로 갑니다.

2004년이니 20여 년 전 일입니다.
협회를 맡아 그야말로 동분서주, 좌충우돌하면서 두메산골 진료사업의 틀을 잡아갈 때입니다.
거제도의 노년들을 돕기로 합니다.
사실 거제도는 시(市) 단위 지역이고 조선업 중심지로 의료시설이 어느 정도 갖추어진 곳입니다. 사방 100km 안에 대학병원급 의료시설이 없는 도서벽지만 진료 대상으로 설정한 협회 내규에 벗어난 지역입니다.
그래도 거제도를 택한 사연이 있었지요.
몇 년 전, 비뇨의학과 학회장을 맡았을 때입니다.
의료보험 수가 문제로 옥신각신 다투던 보건복지부 주무국장이 정년퇴임을 하면서 간곡한 부탁을 합니다.

30년간 보건직 공무원으로서의 삶을 끝내게 되었답니다. 오줌 못 누는 고향의 어르신들에게 전문진료 한번 제대로 해드리고 싶답니다. 거제도를 가잡니다.

한때는 적장(敵將)이었지만 고향을 사랑하는 마음이 참 곱더라구요.

협회를 창설한 명예회장께서도 거제도는 가야 한답니다. 부인봉사대가 꼭 도와야 할 복지시설이 있답니다.

지적장애인 시설 '애광원(愛光院)'이 바로 그곳이랍니다.

원장을 돕고 싶답니다.

알고 보니 10여 년 전 두 분이 우리나라의 노벨상으로 불리는 삼성 호암상(湖巖賞) 수상 동기생이더라구요.

명예회장 김영균 선생님은 거액의 학술상 상금으로 우리 한국전립선관리협회를 창업하신 분입니다.

애광원 김임순 원장은 상금으로 중증장애인 시설을 증축합니다.

두 분 다 베풂의 달인이십니다.

사전 답사를 위해 애광원을 방문합니다.

남해의 푸른 바다가 코앞인 장승포 언덕 위, 수십만 평의 대지에 유럽풍의 건물들이 줄지어 있는데 벌린 입을 다물 수가 없습니다.

억척 할매

"어머어머, 권 선생도 이화(梨花)구나!"
"근데 키가 너무 크네! 난 키 큰 사람 보면 샘이 나!"
제 명함을 본 원장님의 조크입니다.
화사한 미소, 카랑카랑한 목소리, 산뜻한 옷차림, 톡톡 튀는 위트…
어디를 봐도 팔순 할머니가 아닙니다.
할머니다운 반말이, 오히려 저를 정(情)으로 묶습니다.
저 작은 몸매로, 떡대의 장정들이 떼로 달려들어도 못 이룰 이 왕국을 건설하다니! 덩치만 큰 이 사나이는 이 엄청난 시설을 일군, 자그마한 원장님 앞에 서니 한없이 작아집니다.
'억척 할매'란 별명이 한참 모자랍니다.
협회 명예회장의 지극한 안부를 전하고, 12월 초 회장님 부부가 봉사에 참여한다고 덧붙입니다.
"그럴 줄 알았어! 약대를 졸업한 사모님이 이화대학 같은 학번이거든…."
답사 일정이 빡빡해서 잠깐 인사만 드리고 일어나려는데 한사코 준비한 거제의 명물 물메기탕(물곰탕)을 먹고 가야 한답니다.
사무국장, 중증장애인 시설의 팀장… 이화 출신의 간부들과 함께 식사를 하고 시설을 돌면서 애광원과 원장님의 파란만장한 삶을 듣습니다.

복지법인 운영의 대대 선배이자 봉사의 달인이시니 깍듯이 선생님으로 부릅니다.
억척 할매 김임순(金任順) 선생님의 이야기를 씁니다.

'새댁'의 운명

아비규환의 전쟁이 터집니다.
이화여자대학교 가사과를 졸업하고 남침 두 달 전에 결혼한 새댁은 신혼의 단꿈은 고사하고 망망대해에 던져진 일엽편주(一葉片舟)가 됩니다.
전쟁은 이별을 만드는 공장입니다.
부군과도 생이별을 합니다. 친정 상주를 거쳐 흘러 흘러 거제도 장승포까지 피난을 옵니다. 돌 지난 딸까지 둔 새댁에게 하늘은 '돌봄'의 운명을 던져줍니다.
한적한 어촌에 불과했던 당시의 거제도는 요즘 중동의 난민촌은 저리 가라였답니다. 흥남철수작전으로 내려온 수만 명의 북한 난민, 전국에서 모여든 피난민, 포로수용소까지… 섬이 사람으로 불어 터지기 직전이었답니다.
1952년 11월인가? 전쟁이 한창 치열할 때랍니다.
대학시절부터 알고 지냈던 군청 직원 손에 끌려 장승포 산자락의 움막집으로 갔답니다.

가마니떼기 위에 갓난아기 일곱이 미군 담요에 싸여 누워 있더랍니다.

배가 고파 우는 아기, 울다 지쳐 가물가물한 아기… 목불인견(目不忍見)이었답니다.

밤새 아기들도 울고 선생님도 울었답니다. 도저히 아기들을 두고 갈 수가 없었답니다.

하늘의 뜻으로 알고 받아들였답니다.

온갖 난민구호 단체를 쫓아다녔답니다. 그래도 도움을 받을 수 있는 곳은 미군부대였답니다. 포로수용소 관리부대, 해군, 공군, 갈 수 있는 미군부대는 다 찾아다녔답니다.

구호용 분유, 레이션 박스, 담요, 천막… 닥치는 대로 손짓발짓 구걸을 했답니다. 피난 온 장정들, 공무원들에게 읍소를 했답니다. 흙벽돌을 쌓아 집을 짓고 구들장을 깔아 온돌을 만듭니다. 우선 바닷가의 칼바람부터 막아줍니다. 버려진 영아들이 계속 들어옵니다. 이름도 예쁜 '빛과 사랑의 정원' 애광영아원(愛光嬰兒院)이 문을 엽니다.

72년 전, 거제도 장승포의 산자락에서 일어난 기적의 전설입니다.

눈물겨운 이야기 한 토막.

열이 펄펄 나는 아기 둘을 안고 배편으로 천신만고 끝에 부산의 어느 병원까지 갔는데 아기 하나는 이미 숨져 있더랍니다. 너무 기가 막혀 눈물도 안 나오더랍니다.

휴전협정으로 그 지긋지긋했던 전쟁이 끝납니다.

피난민들이 썰물처럼 빠져나가고 포로수용소도 문을 닫습니다. 새댁의 발길이 더욱 분주해집니다.

방대한 포로수용소의 철거 잔해물들을 거둬들입니다.

교회, 군청, 면사무소들, 구호단체들을 찾아다니며 눈물의 호소를 합니다. 진해해군통제부, 김해공군기지 등 군부대를 쫓아다니며 지원을 이끌어냅니다.

드디어 반듯한 건물들이 하나둘 세워집니다.

고군분투란 말이 딱입니다.

심지어 연탄공장을 세워 수익사업까지 벌입니다. 영아원에서 탁아소로, 고아원으로 탈바꿈을 합니다.

재단법인 '애광원'으로 우뚝 섭니다.

인간의 능력은 참으로 '가이없어라!' 입니다.

더구나 한 여성이 '사랑의 빛'이 되어 세상을 밝힌 것입니다.

아동복지에서 직업교육 등 지역사회 복지활동으로 영역을 넓혀갑니다. 선생님의 돌봄 철학은 끝이 없습니다.

사회의 큰 그늘인 뇌성마비, 뇌졸중, 뇌손상 등 뇌질환으로 인한 지적장애인들의 복지에 달려듭니다.

수출입국, 새마을운동, 조국 근대화의 물결 속에서 영아원, 고아원 형태의 한시적인 구호의 돌봄을 넘어, 그 힘든 지적장애인들의 삶을 맡아주는 원대한 사업에 매달립니다.

억척 할매의 배포가 이만저만이 아닙니다.
지적장애인들의 의식주뿐만 아니라 인성교육, 체력단련, 직업교육까지 부모도 할 수 없는 완벽한 돌봄을 이루어낸 것입니다.
시설을 돌아보고 식사하는 자리에서입니다.
스스럼없이 겡상도 말이 나옵니다.
"선생님! 저는 이 쪼맨 봉사법인 하나 끌고 가기도 쌔빠지는데 이 무지무지한 왕국을 우예 만들었능교?"
"마~ 이화대학 덕분이제!"
"이화 참 좋은 학교인기라!"
신앙이 뭔지도 모르는데 4년간 다니다 보니 기독교 정신이 몸에 배고 기도의 힘을 알게 되었답니다.
"또 하나 있제!"
브로큰 잉글리쉬(서툰 영어), 콩글리쉬(한국식 영어)지만 선교사 교수님들의 영어 교육 덕분에 단어는 몇 개 주워들었답니다.
머릿속에 남아 있던 영어 몇 마디가 그리 큰 힘을 발휘할 줄 몰랐답니다.
포로수용소 소장을 만난 자리에서랍니다. 서투른 발음으로 영어 단어 몇 마디 했더니 손을 덥석 잡더랍니다.
화장도 못한 꾀죄죄한 아낙네의 입에서 영어가 나올 줄은 상상도 못한 거지요. 영아원의 사정을 떠듬떠듬 영어로 설명합니다. 즉석에서 담요, 분유, 레이션 박스에다 상비약까지 궤짝으로 실어 주더랍니다.

군청, 면사무소, 교회, 주변의 한국군, 미군 부대를 미친 듯이 찾아다니며 호소를 했답니다.

재미있는 말을 합니다.

"하나님은 말이야, 무지 바쁘신 분이지만 볼 건 다 보고 계셔!"

"죽어라 쫓아다니고, 울면서 기도를 했더니, 사방에서 손을 잡아주더라구!"

이제는 세계적인 지적장애인 시설로 우뚝 선 애광원의 출발이었습니다.

베풂의 달인들

버려진 영아들, 고아들을 돌보느라 악전고투한 선생님의 이야기를 듣고 있을 때입니다.

이상합니다.

머릿속이 하얘지면서 70여 년 전 이곳에 도착했던 커다란 화물선 한 척이 아른아른 환영으로 나타납니다.

배 앞쪽에 메러디스 빅토리(Meredith Victory)라는 글자도 희미하게 보입니다. '흥남철수작전' 그리고 이 배의 사연을 소상하게 알려주시던 저의 은사 선생님의 모습이 함께 떠오릅니다.

꼭 오버랩(Overlap : 화면이 겹치는 촬영기법)으로 처리한 영화의 한 장면 같습니다.

선생님 또한 베풂의 달인이셨습니다. 애광원 원장님과 몸매하며, 베풂의 철학하며 어찌 그리 닮았는지…? 그래서 떠올랐나 봐요.

우선 그 은사님 이야기를 씁니다.

1970년대 중반, 세브란스병원에서 멀쩡히 훈장노릇 하고 있던 저를 이화여자대학병원으로 끌고 간 분입니다. 당시 이대병원장이셨거든요.

여자대학병원에서 비뇨기과를 세우느라 매일이 전투였습니다.

동대문, 청계천의 영세 상인들과 버스터미널이 코앞이라 경기 북부, 강원도 시골에서 오는 환자들 모두가 가난에 찌든 분들입니다. 의료보험도 없던 시절입니다. 수술 한 번 받으려면 논마지기나 팔아야 할 때입니다.

모자라는 치료비 깎아주느라 원장과 매일 부딪칩니다.

오죽하면 원장이 붙여준 제 별명이 '에누리 닥터'였으니까요.

의료장비 하나 구입하려면 한참 실랑이를 해야 됩니다. 처음에는 펄쩍 뛰다가도 결국은 치료비를 깎아주고 장비를 사줍니다.

병원을 떠나시고도 웬일인지 저를 챙겨줍니다. 시도 때도 없이 불러내서 밥도 사줍니다.

로타리 모임에서도 자주 만납니다.

로타리 활동 열심히 하랍니다. 로타리는 '봉사의 교실'이랍니다.

선생님의 봉사는 신의 경지에 이릅니다.

그 어려웠던 70년대, 이 돈 저 돈 다 끌어모아 장애인 재활협회를 세우고 평생을 이 나라 지체장애인 재활을 위해 헌신합니다.

팔순 나이에 아프리카 말라위까지 가서 의료봉사를 하신 그런 분입니다.

저의 작은 봉사활동도 선생님의 가르침 덕분이 아닐 수 없습니다.

평생 모은 재산, 몽땅 재활재단에 던지신 분입니다.

진실로 봉사의 화신입니다. 바로 이 나라 정형외과와 재활의학계의 큰 별 문병기(文炳基) 교수입니다.

부창부수(夫唱婦隨)입니다. 사모님이 적십자사 부총재를 역임하신 손인실(孫仁實) 여사입니다. 부부가 평생 '봉사'를 끼고 사신 분들입니다.

비록 1년 남짓 부하로 근무하였지만 그후로도 20여 년 인연을 이어갑니다. 90년대 초쯤 되려나? 어느 날 갑자기 전화를 합니다.

인감증명 2통 떼어 가지고 손해보험협회로 오랍니다. 비뇨기과 심사위원을 맡으랍니다. 선생님이 협회 의무심사위원장이거든요. 교통사고나 산업재해 환자들의 적정 진료 여부를 심사하는 자리입니다.

병원들의 과잉 진료를 줄이자는 뜻이지요. 전문의사로서 명예도 명예지만 거마비 명목의 고정 급여가 꽤 쏠쏠합니다. 아내 몰래 술값 하기 딱이더라구요.

더 신나는 것은 한 달에 두세 번 심사를 하고 나면 으레 선생님과 단둘이 수송동 골목 한정식집에서 점심을 즐깁니다.
선생님은 애주가에다 골초입니다. 하루에 담배 두세 갑이 보통입니다. 낮술로 소주 한 병입니다. 외래 진료 핑계로 손사래를 쳐도 몇 잔은 마셔야 됩니다.
선생님과의 대화는 언제나 저에겐 명심보감이었습니다.
재미있는 이야기를 합니다.
"자네를 이화로 잡아왔을 때 말야."
"맨날 진료비 깎아달라고 그랬지."
"화도 많이 냈지만 속으로는 자네가 아주 기특했어!"
"의사는 말야, 베풂이 본업이거든."
의사는 무조건 베풀어야 한답니다.
요즘 의사들은 받을 줄만 알지 베풀 줄 모른답니다.
조금씩 조금씩 '베풂의 철학'을 배웠지요.

한국의 모세, 현봉학

어느날 저희들 세대가 잘 몰랐던 6·25전쟁이 화제가 되고 흥남철수작전이 화두가 됩니다. 아주아주 감동적인 이야기를 들려줍니다.
"자네 현봉학(玄鳳學) 선생 이름 들어 봤어?"
"병리학 교수라는 건 압니다."

"메러디스 빅토리란 배 이름 들어 봤어?"
"전혀 모르는데요."
"해군 출신이 그것도 모르다니…?"
"허긴 자네들이야 전쟁 때 코흘리개들이었으니 잘 모를 거야."
"흥남철수작전은 말야, 성경에 나오는 모세의 엑소더스(Exodus, 출애굽기) 같은 역사적인 대탈출이었어."
한 시간 넘게 흥남철수작전의 드라마 같은 이야기를 듣습니다.
"현봉학 선생이 바로 모세 같은 분이셔…."
세브란스의전을 졸업하고 바로 미국 리치몬드의 버지니아 주립의대에서 임상병리학을 수련하셨답니다. 6·25전쟁 전해인 1949년에 귀국했답니다.
세브란스에서 우리나라 최초의 임상병리학교실을 열었답니다.
귀국 1년 만에 전쟁이 터집니다.
제대로 영어를 배운 그는 해병대 사령관 고문으로 한국군의 입과 귀가 되어 미군과의 소통을 맡았답니다.
낙동강까지 밀렸던 전선이 인천상륙작전으로 서울을 탈환하고 북쪽으로 밀고 올라갑니다. 그야말로 '전우의 시체를 넘고 넘어' 북진을 합니다.
제일 먼저 압록강에 도달한 국군 장병들이 수통에 강물을 담아 경무대(景武臺 : 오늘날의 청와대)로 전하는 경사도 벌입니다.
호사다마입니다.

11월이 되면 북한에는 벌써 눈이 내리고 한파가 몰려옵니다.
수만 명의 중공군이 살금살금 얼어붙은 압록강을 건넙니다. 기세 좋게 진군하던 미군과 국군을 기습합니다. 전투교본에도 없는 인해전술에 속수무책입니다.
파죽지세로 달려드는 그들을 당할 재간이 없습니다.
매서운 추위와의 싸움은 더욱 고전이었답니다.
맥아더 장군은 후퇴 명령을 내립니다.
아주 다행한 것은 미 해병대의 처절한 장진호전투로, 북진하던 미군과 한국군이 철수할 수 있는 시간을 벌어줍니다.
북한의 동해안 쪽으로 북진하던 모든 장병들과 군수물자들이 흥남부두에 모여듭니다.
일컬어 '흥남철수작전'의 시작입니다.
이때 현 선생님은 알몬드(Edward Mallory Almond) 장군이 지휘하는 미군 주력부대인 10군단의 고문으로 참전하고 있었답니다.
1950년 12월 중순, 흥남에 집결한 한미 양국군 10여만 명은 해군 함정으로 일사불란하게 철수를 합니다.
어마어마한 무기와 군수물자들이 흥남부두에 쌓여 있었답니다. 이를 실어 나르기 위해 흥남 앞바다에는 200여 척의 군함, 상선, 바지선들이 새카맣게 모여듭니다.
공산당 학정에 몸서리치던 북한 주민들, 아군의 철수를 눈치채지 않을 수가 없습니다.

'레츠고 투게더'

흥남 주변의 함흥, 홍원, 북청 주민들에게 아군 철수의 소문이 퍼져나갑니다. 북한 주민들 흥남부두로 몰려들기 시작합니다.
함흥 출신의 현봉학 선생, 목사 아버님과 전도사 어머니를 둔 철저한 기독교 신자입니다.
미국에서 자유민주주의를 몸으로 체험한 지식인입니다.
자유를 찾아 북한을 탈출하려는 고향 사람들을 외면할 수가 없었습니다.
저들을 구해달라고 밤을 꼬박 새우며 눈물의 기도를 합니다. 이스라엘 백성을 위한 모세의 기도와 다를 바 없습니다.
철수작전을 지휘하는 알몬드 군단장을 찾아갑니다. 조심스럽게 저들의 탈출을 도와달라고 읍소를 합니다.
일언지하에 'NO!'입니다. 군법 위반이랍니다.
눈물의 호소를 합니다.
저들을 그냥 두고 가면 모두가 아우슈비츠로 갈 거라고!
소주를 마시며 그 이야기를 들려주시던 문 선생님!
갑자기 피안도 사투리가 튀어나옵니다.
"이게 말야, 덩말 하늘이 도운기야!"
"알몬드 장군이 버지니아주 루래이 출신이었대!"
"현 선생의 영어에서 버지니아 사투리 억양을 언뜻 들은기야!"

"미국 어디에서 공부했느냐?"라고 묻더라는 것입니다. 리치몬드 버지니아 주립대학병원에서 트레이닝 받았다는 대답에 고집불통의 장군이 현 선생의 손을 덥석 잡더랍니다.

지구 반대편, 머나먼 동양 의사가 고향땅 버지니아에서 의학 공부를 했다니! 초록은 동색, 안으로 굽는 팔, 동서양이 다르지 않더랍니다.

장군의 입에서 청천벽력 같은 한마디가 튀어나옵니다.

저들과 함께 가자!

"Let's go together!"

현 선생님은 함흥으로 달려갑니다. 시청, 도청, 교회를 돌며 사발통문을 돌립니다.

"당장 흥남부두로 가라!"

모세의 짐을 짊어지셨던 현봉학 선생의 절규였답니다.

'굳세어라 금순아!'라는 노랫말 그대로입니다.

눈보라가 휘날리는 바람 찬 흥남부두엔 동토의 땅, 북한을 탈출하려는 난민들이 떼를 지어 몰려듭니다.

10여만 명이나 되었답니다.

소주 한 잔 단숨에 드신 우리 선생님 목소리가 더 커집니다.

대대적인 난민 철수를 결정한 알몬드 장군과 현봉학 선생은 현대판 모세였답니다.

크리스마스의 기적

하나님은 결코 무심한 분이 아니랍니다.

이번에는 저 불쌍한 난민들을 실어 나를 노아의 방주(方舟) 같은 커다란 배와 '쉰들러' 같은 선장을 보내주셨답니다.

나치 하의 유태인 1,200명을 구해낸 영화 〈쉰들러 리스트〉의 주인공 '오스카 쉰들러' 말입니다.

바로 메러디스 빅토리호와 레너드 라루(Leonard P. LaRue) 선장입니다.

메러디스 빅토리호는 15,000톤급 큰 화물선으로 흥남부두에 쌓여 있던 군수물자를 싣고 있었답니다.

라루 선장은 망원경으로 흥남부두를 바라봅니다.

남부여대(男負女戴)로 몰려드는 북한 주민들과 칼바람에 오돌오돌 떠는 아이들의 비참한 모습이 보입니다.

철저한 천주교 신도인 그의 양심이 눈물을 흘립니다.

하나님께 묻습니다.

"저들을 어찌하오리까?"

하늘이 답을 합니다.

바로 그때 미군 대령이 나타나 난민들도 승선시키라는 명령을 하달합니다.

선장은 경례를 하면서 목청껏 외칩니다.

"아이 아이 써!(Aye Aye Sir : 무조건 복종을 뜻하는 해군 용어)"
40여 명의 선원들이 모두 팔 걷어붙이고 나섭니다.
기적의 승선 작전이 펼쳐집니다.
라루 선장! 한 명이라도 더 태우라고 고래고래 소리를 지릅니다.
이미 선적했던 화물을 다 버립니다. 최대한 공간을 넓혀 사람 자리를 마련합니다. 물론 화물선이라 사람 정원은 60명밖에 안 되지만 무려 14,000여 명의 북한 주민들을 태웁니다.
선실마다 빼곡히 들어찬 난민들로 배는 '콩나물시루' 그 자체였답니다. 목숨을 건 승선이었지요.

1950년 12월 23일, 흥남 앞바다에 일어난 기적입니다.
군함, 상선, 전마선… 모든 선박에 난민들을 승선시킵니다.
무려 10만 명이, 정확히 98,000명이 동토의 왕국 북한을 탈출한 것입니다.
모든 배들이 30여 시간을 항해, 크리스마스이브인 12월 24일 부산 앞바다에 도착합니다.
메러디스 빅토리호는 부산항 정박시설 부족으로 50여 마일을 더 달려 12월 25일 성탄절 날, 거제도 장승포항에 도착하는 기적을 이룬 것입니다.
이 배 한 척에만 무려 14,000명의 북한 주민이 자유를 찾아 대한민국으로 내려온 것입니다. 해운 역사상 전무후무한 기록이랍니다.

'크리스마스의 기적'이란 드라마였습니다.
선생님의 역사 이야기가 끝을 맺습니다. 얼마나 감동적이었던지 가슴이 얼얼해집니다.
잊을래야 잊을 수 없는 역사적인 사건이었습니다.

아아 어찌 잊으랴

세월이 참 많이 흘렀습니다. 70년이 넘게 지나갔습니다.
자유를 찾아 탈출하려고 흥남 부두에 몰려온 10만 인파!
이 불쌍한 동포들을 구원하기 위해 밤을 새워가며 기도를 합니다.
용감하게 상왕(上王) 같은 사령관을 찾아 저들을 구해달라고 애원을 합니다.
퇴짜를 맞으면서도 끝내 동포들의 철수를 이끌어낸 현봉학 선생님!
교과서에 남을 의인(義人)이 아닐 수 없습니다.
산전수전 다 겪은 역전의 장수가 한국 젊은 의사의 호소에 마음이 흔들립니다.
자유를 찾으러 흥남부두에 모인 북한 동포들을 구원해달라는 현봉학 고문의 끈질긴 애원에 청천벽력 같은 명령을 내립니다.
무기, 차량, 군수물자를 실어 나르기 위해 모인 200척의 배에 자유를 찾으려는 북한 주민 모두를 승선시킵니다.
군법 위반의 멍에를 각오한 명령입니다.

바로 흥남철수작전을 지휘한 알몬드 장군의 인도주의적 결단이었습니다.
북한 주민들을 태운 선단이 흥남부두를 떠나자마자 50만 톤의 무기, 차량, 군수물자가 쌓인 흥남부두를 함포사격으로 초토화시킵니다. 중공군에게 넘겨줄 수는 없잖아요.
돈으로 따져도 수억 달러를 잿더미로 날려버린 겁니다.
98,000명의 북한 동포들을 위해 엄청난 대가를 치른 알몬드 장군!
역사에 남을 가장 인간적인 영웅이었습니다.

과적 상태의 배를 몰고 동해의 거친 파도를 헤치며 거제항까지 난민들을 수송한 레너드 라루 선장!
그는 북한 난민을 위한 날개 없는 천사였습니다.
훗날 선장 일을 내려논 그는 뉴저지의 바오로 수도원에 들어가 여생을 수도사로 사신 그런 분입니다.
분명, 현봉학 선생님! 알몬드 장군! 라루 선장!
모두 하늘이 내린 한국의 모세였습니다. 그리고 쉰들러였습니다.
'아아 어찌 잊으랴!'가 아닐 수 없습니다.

흥남철수작전으로 졸지에 밀어닥친 북한 동포들, 전국에서 몰려든 난민들로 북새통이 된 거제도에서 버려진 영아들을 거두어 살려 낸 애광영아원 원장님!

이제는 거대한 복지재단으로 정신장애인들의 요람을 건설한 김임순 선생님! 이 시대의 잔 다르크가 아닐 수 없습니다.
흥남철수작전의 전말을 소상하게 들려주신 문병기 선생님도 마찬가지입니다.
진실로 베풂의 달인이셨습니다.
무지막지한 전쟁으로 팔다리를 다친 수많은 지체장애인들의 진료와 재활에 온몸을 던지신 분입니다.
모은 돈 다 쏟아부어 한국장애인재활협회를 세우셨습니다.
1998년인가? 미국에 있는 아드님 곁으로 가시면서 그 큰 자택까지 재활협회에 던지신 선생님! 참으로 봉사의 화신이셨습니다.

곰곰이 생각해 봅니다.
흥남부두에서 자유를 찾아 몸부림치던 저들을 다 버리고 왔다면?!
생각만 해도 소름이 끼칩니다.
이 지상 최대의 철수작전이 세월에 묻혀버립니다.
흥남의 모세였던, 쉰들러였던 분들도 머나먼 하늘길로 갑니다.
자유를 찾았던 분들도 모두들 저 건너 세상으로 갑니다.
대대손손 기억해야 할 역사가 망각의 늪 속으로 사라져갑니다.
아주아주 슬픈 일입니다.

아버지의 전설

아버님께서 먼 나라로 가셨답니다. 저를 무척 좋아하셨답니다. 사십구재를 지내고 오는 길이랍니다.

'장진호전투!'
우리에겐 잊어서는 안 될 전투입니다. 미국인들은 잊지 못할 전투입니다.
오랜 세월 뇌리에 깊숙이 박혀 있던 기억들이 파노라마처럼 떠오릅니다.
60여 년 전으로 기억 여행을 떠납니다.
인생길에 스승을 잘 만난다는 건 복 중의 복입니다.
의과대학 훈장 노릇만 50년입니다. 돌이켜보니 고비마다 산신령 같은 의인이 나타나 지혜를 주고 길을 인도해 주었습니다. 인복이 따라다니더라구요.

염라대왕의 위엄

잊을 수 없는 스승이 한 분 계십니다.

1965년, 의대를 갓 졸업한 햇병아리 의사가 치열한 경쟁을 뚫고 서울적십자병원 인턴으로 선발됩니다.

대학병원도 아닌데 10대 1의 경쟁을 치릅니다.

이유는 간단합니다. 당시 인턴 봉급으로는 제일 많이 주는 병원이었지요. 국립대학병원은 월급이란 게 쌀값으로 치면 두세 말 값을 받는데, 이곳은 한 가마니 값을 줍니다. 보릿고개에 허덕이던 서글픈 시절이었지요. 너도나도 몰려갑니다.

다행히 합격이 되어 의사로서의 첫발을 내딛습니다.

인도주의의 상징인 적십자병원이라 극빈자, 무연고 환자, 행려병자 같은 소외계층 환자들이 몰려듭니다. 말기의 중증 환자, 만신창이가 된 교통사고 환자들 치다꺼리하느라 매일매일이 기진맥진입니다.

흰 가운의 점잖은 의사 '샘'은 저리 가라입니다.

24시간 쫓기는 중노동에 시달립니다.

다행인지 불행인지 그야말로 무시무시한 고수(高手)의 칼잡이 선생님을 만납니다.

공식 직함은 서울적십자병원 외과과장 겸 수련부장입니다.

우선 수련부장이라는 직책이 인턴, 레지던트 교육의 수장(首長)이라는 뜻입니다. 체중 100kg을 왔다갔다 하는 거구의 항우 장사 같은 분입니다.

군대 막사 같은 방에서 10여 명의 인턴들이 야전침대 생활을 합니다.

하루도 빠짐없이 정확히 새벽 6시가 되면 문을 박차고 들어옵니다. 걸쭉한 피안도 사투리로 냅다 소리를 지릅니다.

"야! 종간나들아! 후딱 일어나라우!"

논산훈련소 선임하사가 따로 없습니다.

인턴들이 붙인 별명이 '염라대왕'이었는데 나중엔 줄여서 '대왕'으로 불렀지요.

경력도 화려합니다. 수도육군병원 외과과장, 서울의대 교수를 거쳐 우리 병원 외과과장으로 부임했습니다.

겉으로는 염라대왕이지만 인턴, 전공의들 교육에 대한 열정은 집요할 정도입니다. 컨퍼런스(학술토론회) 시간에는 무조건 참석을 하고 인턴, 레지던트들을 빠짐없이 불러 모아 강의를 듣게 합니다. 인턴이나 전공의들이 대왕의 닦달에 투덜거리면서도 따르는 데는 결정적인 이유가 있습니다.

대왕의 칼에는 눈이 있습니다.

혈관 신경을 요리조리 피해 가면서 상한 장기를 들어내고 터진 곳을 꿰매는데 전광석화입니다.

말단 조수인 병아리 의사도 대왕의 현란한 칼질에는 늘 혀를 참니다.
도쿠가와 이에야스(德川家康)를 지키던 사무라이의 칼솜씨 저리 가라입니다.

파란만장 인생

혹시 기억하시나요?
세계 역사상 유례를 찾아볼 수 없는 사건이 일어난 지 70년이 넘었습니다. 우리 국민이라면 잊어서는 안 될 역사적인 사건입니다.
치열했던 한국전쟁에서 국군과 유엔군이 잡아들인 포로 37,000명 중, 동토(凍土)의 북한으로는 죽어도 갈 수 없다는 27,000명을 쥐도 새도 모르게 풀어줍니다.
작전권을 쥐고 있던 유엔군 사령부는 기절 직전이었지요.
일컬어 '반공포로 석방사건'입니다.
휴전을 앞둔 1953년 6월 18일, 한밤중에 일어난 사건입니다.
인공기를 흔들어대는 패들과 태극기를 지키려는 반공포로들과의 좌우이념 대립이 극심했던 게, 당시 포로수용소의 실상이었지요.
겉으로 보기엔 인자한 할아버지였던 78세의 이승만 대통령, 무슨 배짱인지 태극기를 흔들었던 반공포로들을 모두가 잠든 꼭두새벽에 죄다 풀어줍니다.
휴전협정과 동시에 모든 포로들을 몽땅 북으로 보내려는 유엔군

측의 속셈을 눈치챈 노인의 결단이었습니다.

경천동지할 사건이었습니다.

무려 27,000명의 북한군 포로가 자유대한의 품에 안긴 역사적인 사건입니다.

어느 여름날, 인턴 숙소에 배달된 동아일보를 봅니다.

반공포로 석방에 관한 특집기사가 사회면 '톱'으로 실렸는데, 주인공이 바로 우리를 못살게 구는 염라대왕이더라, 이겁니다.

둘러앉아 이 기사를 본 우리 인턴들 입을 다물지 못합니다. 석방된 포로 중 가장 성공한 전설의 인물이더라구요.

경성의전(경성의학전문학교, 서울의대 전신) 출신으로 평양의대에서 우리나라 외과계의 전설 장기려(張起呂) 교수의 문하생으로 근무하다 인민군 군의관으로 징집이 된 외과의사였다는 것입니다.

대위 계급장을 단 우리 대왕, 위생병조차 절대 부족했던 북한군에서는 최고의 외과 군의관으로 날렸답니다.

그러다가 포로가 됩니다.

석방된 이 포로를 평양의대 스승인 장기려 박사의 끈질긴 노력으로 어렵게 어렵게 국군 군의관 대위로 편입시킵니다. 대왕은 곧바로 수도육군병원에 배치됩니다.

미군들의 지원으로 북한군에서는 상상할 수도 없는 현대식 수술 기구와 장비를 갖춘 병원이다 보니 그의 칼솜씨가 춤을 춥니다.

휴전 직후 전국의 매시(MASH : 이동외과병원), 후송병원에 흩어져 있던 온갖 부상병들이 수도육군병원으로 몰려듭니다.
바람결 소문에 의하면 하루에 스무 번이나 칼을 든 적도 있답니다. 밤낮이 없었답니다. 아예 수술실에서 먹고 자다시피 했답니다. 군복을 벗을 때까지 몇 년간 그의 집도 기록은 가히 기네스북에 오를 정도였답니다.
수천 명을 집도했답니다. 그의 칼솜씨가 고수의 경지에 오른 이유입니다. 피 터지는 격무 속에서도 그의 학문적인 열정은 학위에 도전합니다.
모교에서 의학박사 학위를 받습니다.
서울의대 교수가 되었지만 '인민군', '반공포로'라는 딱지가 그의 발목을 잡습니다. 승진도, 해외유학도 제동이 걸립니다.
그가 마음껏 칼춤을 출 수 있는 곳이 바로 적십자병원이었지요.
짓터진 교통사고, 공사장의 안전사고, 말기암 환자들이 몰려드는 곳입니다.
동아일보 기사를 읽은 우리 병아리 의사들, 파란만장했던 대왕의 삶에 넋을 잃습니다. 감동 먹은 우리 인턴들 깍듯이 선생님으로 모십니다.
선생님의 엄한 시집살이와 칼의 교육은, 저에게도 50년 칼잡이 의사의 든든한 길라잡이가 되었습니다.
잊어서는 안 될 진정한 스승이었습니다.

이 나라 도규계(刀圭界)의 전설 고 이영린(李永麟) 교수가 그 주인공입니다.

고약한 수술

마음속의 영원한 스승입니다.
선생님은 정확히 7시면 칼을 잡습니다. 하루에 대여섯 건의 수술은 다반사입니다.
점심을 건너뛰는 것도 부지기수입니다. 점심을 거를 때는 병원이 지정한 청요리(淸料理 : 중국요리)집으로 몰려갑니다. 거구의 선생님, 엄청난 대식가입니다. 양장피, 탕수육, 군만두에다 배갈을 몇 도꾸리씩 거하게 듭니다.
웃으며 실토합니다. 인민군 시절 너무나 배를 곯았기 때문이라네요.
어느 날 레지던트 선배들과 선생님을 모시고 늦은 점심을 듭니다. 거나해진 우리 선생님이 묻습니다.
"세상에 제일 고약한 수술이 무시긴지 아네?"
지뢰에 거덜 난 다리를 자르거나 동상으로 괴사된 손가락, 발가락을 절단하는 수술이었답니다. 때로는 발목을 자르기도 했답니다.
한참 젊은이들인데 수도 없이 절단수술을 했답니다.
그중에도 동상 환자의 절단수술은 정말 싫었답니다.
아주 '고약한 수술'이었답니다.

세상에서 제일 무서운 전투가 강추위와의 싸움이랍니다. 1·4후퇴 때 우리 국군들 수도 없이 얼어 죽었답니다. 미군들도 엄청 당했답니다. 북쪽의 한파에 꼼짝없이 떨어야 했답니다.
당시를 생각하면 치가 떨리고 속이 쓰리답니다.
자기는 고약한 외과의사였답니다. 환자들이 너무나 불쌍했답니다.
취기 때문인지, 눈가가 벌개집니다.
한번 본 적도, 수술한 적도 없는데 뇌리에 콕 박힌 단어가 바로 '동상(凍傷)', '동사(凍死)'입니다.

저체온증

5년이란 세월이 지납니다.
1970년인가… 인턴을 마치고 비뇨의학과 전문의가 되어 해군에 입대를 합니다.
해군 군의관들, 그중에도 전문의가 된 군의관들은 의예과 2년, 본과 4년, 인턴 레지던트 5년 과정을 마치다 보니 모두가 30세가 넘은 늙은 군인들입니다.
세상물정을 알다 보니 서울이나 진해 해군병원에 배치되길 학수고대하는데 재수에 옴이 붙었나 봐요. 저만 해병사단에 떨어집니다.
첫 보직이 포항 해병대 사단의 연대 의무참모더라구요. 군대도 사람 사는 곳이니 시간이 지나면서 그 터프한 싸나이들과 어울리게 되고, 심심치 않게 안전사고로 다친 사병들을 군화 신은 채로 수술도 합니다.

제가 인복은 있나 봐요.

지용(智勇)을 겸비한 지휘관을 만난 것입니다.

10월 초, 연대 참모회의가 열립니다.

중대장급 이상 장교들이 다 모인 회의입니다. 우리 사단에는 3개 연대가 있는데 포항을 기점으로 약 150km의 동해안을 1개 연대가 3개월씩 돌아가며 해안 방어를 맡고 있습니다.

철통 같은 방어선입니다. 툭하면 간첩들이 출몰할 때였거든요.

11월부터 동한기 방어가 우리 연대 차례입니다.

병력 이동, 방어진지 구축, 숙소 마련… 할 일이 태산이거든요.

회의를 시작하자마자 연대장이 저에게 아주 특별한 지시를 합니다. 칼바람이 휘몰아치는 바닷가에서 왔다갔다 동초를 서는 병사들의 고생이 말이 아니랍니다. 우리 병사들 건강을 지키고 집중력을 유지할 수 있도록 철저히 관리해야 한답니다. 기온과 풍속에 따른 적절한 교대시간을 계산하고 칼로리 소모량을 의학적으로 측정해서, 보충할 수 있는 식단을 짜달랍니다.

동상에 대한 의학적 예방책을 철저히 조사해서 다음 주 참모회의에서 발표하랍니다.

덤으로 5일간의 휴가까지 줍니다.

영하의 기온, 칼바람이 부는 해안에서 동초를 서야 하는 사병들의 고통을 생각해 보세요. 10분이면 동태가 되기 십상이지요. 한겨울 동해 바닷가의 한밤중 체감온도는 영하 20도까지 내려가거든요. 시베리아가 따로 없습니다.

"자네들! 저체온증이란 말 아네?"

"병사들에겐 독이야!"

지휘관을 다시 봅니다.

병사들을 아끼는 대령의 심성이 존경스럽습니다. 막가파 해병대에 이런 학구적인 장교가 있다니!

지장(智將)이란 바로 이런 지휘관입니다.

갑자기 뇌리에 기억이라는 전류가 흐릅니다.

5년 전 적십자병원 인턴 시절, 동상 환자의 절단처럼 '고약한 수술'은 없다고 한숨짓던 스승의 얼굴이 떠오르더라구요.

무시무시한 추위와의 전투!

연대장의 지시가 사명감으로 다가옵니다.

지고도 이긴 전투

회의가 끝나갈 무렵 대령이 연단에 오릅니다.

아마도 마무리 담화인 듯합니다. 투박한 평안도 사투리가 튀어나 옵니다.

"오늘은 말야 아주 '고약한 전투' 얘기 하나 하갔어!"
"너네들 장진호(長津湖)전투 아네?! 잘 모를끼야!"
"이게 말야, 지고도 이긴 전투라는 기야!"
지고도 이긴 전투?!
우리가 몰랐던 장진호전투에 대한 이야기를 듣습니다.
미 해병대 교본에도 기록된 최악의 전투였답니다.
상당히 공들여 준비한 훈시더라구요.
맥아더 장군의 기발한 인천상륙작전의 성공으로 서울을 탈환한 국군과 유엔군은 질풍노도와 같이 북진을 합니다.
불과 한 달 만에 평양을 점령하고 파죽지세로 압록강을 향해 진격을 했답니다.
동해안 쪽에는 우리와 명칭이 같은 미 해병대의 최강부대인 제1해병사단이 원산에 상륙, 개마고원의 장진호 쪽으로 진격을 했답니다. 바로 김일성의 임시수도인 강계(江界)를 향한 공격 루트였습니다. 장진호까지는 무사히 진출했답니다.
전쟁에서도 호사다마가 있습니다.
이 무렵 12만 명의 중공군이 살금살금 미 해병대를 에워싸고 있었답니다.
어느 전사(戰史)에도 없는 인해전술(人海戰術)이라는 벌떼공격이 중공군의 작전이랍니다.
치열한 공방전이었답니다.

10대1의 전투였답니다.

미 해병들 쏘고 또 쏘았습니다. 중공군들은 쓰러지고 또 쓰러져도 방망이 수류탄을 들고 계속 달려듭니다.

황해도 출신의 삼팔따라지인 대령의 표정이 심각해집니다.

짱깨들보다 더 무서운 적이 있었답니다.

해발 1,000m 이상인 개마고원의 장진호 일대는 10월이면 벌써 눈이 내리고 밤이면 영하 20~30도까지 내려갑니다.

졸속으로 계획된 작전으로 방한 채비를 갖추지 못한 병사들에게는 지옥이 따로 없었답니다. 중공군보다 무서운 적과 싸워야 했습니다. 바로 지독한 한파와의 전투였답니다.

대장이 놀라운 통계를 보여줍니다.

장진호전투에서 제1해병사단과 유엔군 6,000여 명이 죽거나 부상을 입었답니다. 실종, 비전투손실까지 합치면 18,000여 명의 병력 손실이 있었답니다.

부상자의 3분의 1이 동상이었답니다. 동사자도 부지기수였답니다. 아주아주 '고약한 전투'였답니다.

중공군은 더 심각했답니다. 장진호전투에서 2만여 명이 전사하고 무려 4,000여 명의 동사자와 3만여 명의 동상 환자가 발생했답니다.

일설에 의하면 중공군 1개 중대가 눈밭에 동태가 된 시체로 발견된 적도 있었답니다. 중공군에게는 미 해병대보다 추위가 더 무서운 적이었답니다.

모세의 기적

아주 다행인 것은 미 해병대의 결사항전과 극한의 한파 덕분에 중공군의 진격을 2주간 넘게 저지할 수 있었답니다.
구세주가 보내준 황금 같은 2주간이었답니다.
그동안 두만강 쪽으로 진격하던 국군과 유엔군 10만 명이 후퇴명령에 따라 무사히 흥남으로 집결, 성공적인 철수를 할 수 있었답니다.
감동적인 이야기가 이어집니다.
이 기간에 자유를 찾아 북한을 탈출하려는 피난민 10여만 명도 흥남부두로 몰려듭니다.
모세의 기적이랍니다.
흥남철수작전을 지휘하는 알몬드(Edward M. Almond)라는 장군이 결단을 내립니다.
"사람이 우선이다!"
무기와 군수물자를 수송할 수백 척의 함선에 피난민을 모두 승선시킵니다. 무려 10만여 명을 말입니다.
지상 최대의 엑소더스(Exodus : 출애굽기, 대탈출)입니다.
미군들, 배포 하나는 끝내준답니다.

흥남부두에 쌓여 있던 수억 달러어치의 무기, 차량, 군수물자를 모조리 폭파시키더랍니다.

군 병력 10만 명과 자유를 찾으려는 피난민 10만 명을 더해, 20만 명의 철수를 성공시킨 미 해병대의 장진호전투! 결코 잊어서는 안 된답니다.

당시에는 치욕적인 패배라고 평가절하되었지만, 후세의 전사학자 (戰史學者)들이 최고의 전략적 승리라는 결론을 내렸답니다.

주먹을 불끈 쥐면서 훈시를 끝냅니다.

우리 대장, 영원한 해병이더라구요.

다음날, 연대장의 명령을 수행키 위해 김포행 군용기를 탑니다.

제가 석사학위 논문을 위해 동물실험을 한 게 연세의대 생리학교실 입니다. 이 교실은 미 해군성에서 엄청난 연구비를 받아 잠수부들의 심폐기능을 연구하는 해저(海底)생리학으로 유명한 교실입니다. 수중폭파대, 잠수함 승무원들의 건강을 위한 필수적인 연구거든요.

후배 조교들에게 연대장의 숙제를 설명합니다.

야전 지휘관이 이런 자료를 찾다니! 존경스럽답니다.

후배들이 도표까지 만들어 열심히 자료를 준비해 줍니다.

다음주 참모회의에서 브리핑을 합니다.

"체감온도가 영하 10도이고 바람이 초속 5m(선풍기 중간속도)만 되어도 체온은 급강하한다. 풍속이 1m가 높아지면 체온은 1도씩

떨어진다.
30분 이상의 동초는 무리이다. 동초를 자주 교대하라.
동초 서는 밤에는 라면과 달걀 두 개는 먹여야 저체온증을 막을 수 있다. 막사에 돌아오면 무조건 양말부터 말린다. 최고의 방한복을 입혀라!"

뭐 이런 내용이었습니다.
연대장이 박수를 칩니다.
"바로 이거야. 권 대위, 애썼다야!"
작전참모에게 지시를 합니다.
해안방어 동초 교본에 삽입하랍니다.

어느 아버지의 전설

떠오르는 환자가 있습니다.
1990년대 초쯤 되려나? 호리호리한 몸매, 하얀 피부, 낮은 목소리… 첫눈에 호감이 가는 환자입니다.
70이 다 된 분입니다. 왼쪽은 의족 상태입니다. 발목 아래가 없습니다.
양쪽 콩팥에 돌이 있습니다. 다행히 왼쪽 신장결석은 당시 혜성과 같이 등장한 충격파 쇄석기로 제거가 됩니다. 오른쪽엔 크기는 작아도 사슴뿔 같은 결석이 있습니다. 녹각석(鹿角石)이라 부르는데 비뇨기의학과 의사들에겐 목에 가시입니다.

쇄석기로도 제거 불가입니다. 콩팥을 째자니 출혈과 조직손실이 부담됩니다. 옆구리 피부에 구멍을 내고 내시경으로 결석을 제거하는, 당시로서는 최첨단 시술을 시도합니다. 경피적 신쇄석술(經皮的 腎碎石術)이라고 부르지요.

새로이 덤비는 수술이라 경험도 많지 않아 식은땀을 흘립니다. 하늘의 도움으로 4시간 만에 결석을 제거합니다.

워낙 어렵고 첨단적인 수술인데다 출혈이 멎지를 않으니 하루에도 몇 번씩 회진을 합니다.

의사도 사람입니다. 간병하는 보호자들의 정성이 보이면 의사도 정을 주기 마련입니다. 간헐적인 출혈로 퇴원이 늦어집니다.

2주일간 부인과 두 남매의 환자에 대한 지극정성이 가슴을 적십니다. 똑같이 교육대학에 다닌다는 연년생 남매가 그리 고울 수가 없습니다.

다인실이다 보니 주위가 산만한데 아버지 옆에 딱 붙어 앉아 온갖 시중 다 들고 취침 중에는 꼭 책을 읽고 있습니다.

아들이 나가면 곧바로 여동생이 교대를 합니다.

요즘은 부모 간병하는 젊은이들을 볼 수가 없습니다. 어쩌다 보이더라도 그저 스마트폰만 두들깁니다. 회진할 때마다 착하디착한 남매가 번갈아 보이더라구요.

장남은 교육대학 졸업반이고 여동생은 2학년이랍니다.

양측성 결석이다 보니 재발의 가능성이 높습니다.

환자와 임의로워질 무렵 직업을 묻습니다. 동대문시장 가내공장에서 재봉 일을 한답니다.

한쪽이 의족이다 보니 의자에 앉아 돌리는 재봉틀이 불편해, 앉아서 재봉일을 한답니다. 30년을 앉은뱅이 직업으로 가족들을 먹여 살렸답니다.

요즘 같은 주 52시간 근무는 꿈도 못 꿀 때였지요. 일감이 쌓이면 하루 15시간 넘게 작업을 했답니다. 감이 잡힙니다.

더구나 의족 신세라 달리기나 걷기가 힘들어 운동 부족은 당연지사입니다. 요로결석이 생길 수밖에 없지요. 운동 부족, 장시간의 좌식 직업은 결석 발생의 요인이거든요.

결석 예방의 첫째가 운동이고 충분한 수분섭취입니다.

과묵하기 그지없는 노인이 내시경으로 빼낸 결석 조각들을 보더니 환히 웃기까지 합니다. 입도 열립니다.

입 밖에 내기 어려운 질문을 합니다.

"어쩌다 다리를 잃으셨어요?"

노인의 지난했던 삶이 흘러나옵니다.

바로 장진호 근처에서 살았답니다.

왜소한 체구와 나이 때문에 인민군에 끌려가지는 않았답니다.

미군이 들어왔답니다. 하갈우리(下碣隅里)에 비행장을 만드는 데

노무자로 지원했답니다. 미군의 전투식량인 레이션 박스를 받기 위해서였답니다.

공사가 끝날 무렵 중공군의 습격을 받고 미군들과 함께 후퇴를 합니다.

지옥보다 더한 추위 속에서 거의 걷다시피 해서 보름 만에 흥남까지 왔답니다.

다행히 군속 신분이어서 미군 함정에 승선할 수 있었답니다.

부산항에 내릴 무렵 왼쪽 발에 감각이 없더랍니다. 피부색이 거무튀튀하게 변해 있더랍니다.

부산에 있는 육군병원으로 실려 갑니다. 군의관이 동상으로 발이 다 상했다고 하더랍니다. 그냥 수술해야 된다기에 그런 줄 알았답니다.

깨어나 보니 한쪽 발이 없어졌더랍니다.

문제는 군번이 없다는 사실입니다. 눈앞이 캄캄하더랍니다.

상이군인 대우도 못 받습니다. 한쪽 발이 없어 일자리도 구할 수가 없었답니다. 불구의 몸으로 안 해본 일이 없답니다.

굴러 굴러 동대문시장까지 왔답니다.

하늘이 돕습니다.

노무자로 같이 일했던 동료를 만납니다. 용케도 쬐그만 봉제공장을 일궜더랍니다. 불쌍한 친구를 거두어 줍니다.

온갖 잡일을 하다, 몸이 불편하니 재봉일 한번 배워보라는 친구의 권유로 재봉일을 하게 되었답니다.

워낙 성실하다 보니 어느덧 1급 재봉사가 됩니다.

공장에서 같은 일을 하는 참한 여성을 만납니다. 전쟁에서 남편을 잃은 청상과부입니다. 불구인 자기를 받아준 아내가 늘 버팀목이었답니다.

40이 넘어 늦둥이 남매를 둡니다.

공부를 하지 못한 처지가 늘 슬펐답니다. 학교 선생님이 되는 게 소원이었답니다.

아이들이 아버지의 소원을 들어줍니다. 남매가 같은 교육대학을 다닌답니다. 장남은 졸업반이니 군복무를 마치면 여동생과 함께 초등학교 선생님이 될 거랍니다.

노인이 그렁그렁한 눈으로 저를 쳐다봅니다.

그때까지만 살게 해달랍니다.

일부러 함경도 사투리로 허풍을 떱니다.

"이봅세! 이 벵(病) 가지고는 죽지는 않슴메!"

노인이 제 손을 잡습니다.

"선생님! 아바이야요?!"

모처럼 화안하게 웃습니다.

"아니야요. 오마니가 아바이야요."

의족으로 힘이 들 텐데 열심히 걷습니다. 물도 많이 마십니다. 수박도 열심히 먹습니다.

몇 년 지나 작은 요관결석이 재발했지만 쇄석기로 부숴버립니다.
이상합니다. 저만 보면 웃습니다. 저만 보면 '병(病)'이 도망간답니다.

늘 아이들 자랑입니다.

아들은 서해 낙도(落島)의 초등학교 선생님이고, 딸은 강원도 시골학교에서 근무한답니다.

몇 년이 지납니다.

저도 정년퇴임이 다가올 때입니다.

퇴근 무렵입니다.

단정한 상복 차림의 남녀가 예쁜 선인장 화분을 들고 들어옵니다.

낯익은 얼굴입니다. 바로 결석 노인의 자녀입니다.

깍듯이 절을 합니다.

아버님께서 먼 나라로 가셨답니다. 저를 무척 좋아하셨답니다.

사십구재를 지내고 오는 길이랍니다. 어머님이 저에게 인사드리라고 채근을 했답니다. 아버님이 늘 좋아하시던 '선인장 화분'이랍니다.

복도 끝으로 사라지는 남매를 바라봅니다.

굴곡진 삶을 살았던 아버지의 전설 하나가 또 막을 내린 것입니다.

동상으로 잘려나간 노인의 뭉뚝한 발목이 떠오릅니다.

수없이 발가락 손가락을 잘라내야 했던 스승의 슬픈 이야기가 떠오릅니다.

병사들을 끔찍이 아꼈던 연대장의 실루엣이 머리를 스칩니다.

참혹했던 장진호전투, 병사들의 동상, 동사 장면이 떠오릅니다.

자유를 찾아 흥남부두로 몰려든 10만 군중을 생각합니다.

오하이오에서, 캔자스에서, 텍사스에서 앳된 젊은이들이 듣도 보도 못한 코리아란 나라에 와 수도 없이 다치고 죽었습니다. 얼어 죽기도 했습니다.

10여만 명의 북한 주민을 철수시키기 위해 숱한 군수 장비를 포기하고 피난민을 실어 나른 미군 함정들, 그리고 선원들을 생각합니다.

이 나라가 어찌하여 오늘의 번영을 구가할 수 있었는지를 곱씹어 봅니다.

남의 나라를 위해 수없이 죽어간 미군 그리고 유엔군 병사들의 은공(恩功)을 어이 잊을 수가 있단 말입니까?

3부
전설이 지다

잘사는 나라를 만들어 보자고 너나없이
뛰어다니던 시절이 있었습니다.
돌아보니 인연의 끈이 닿아
오랜 세월 함께해온 분들이 많았습니다.
이제는 하늘의 전설이 되신 분들의 옛이야기를
다음 세대에게 전합니다.

연어의 일생

신격호 롯데그룹 명예회장 이야기

20여 년 전쯤 되려나?
일본 삿포로시에서 열린 한일비뇨기과학회에 참석합니다.
참 아름다운 도시입니다. 제가 일본에서 제일 좋아하는 곳입니다.
학회를 마치고 호텔방에서 잠깐 쉬는 동안 TV를 봅니다.
제가 홀딱하는 다큐멘터리가 흐릅니다.
낚시, 수중촬영, 스쿠버다이빙 같은 해양 다큐멘터리라면 사족을 못 쓰는 터라 화면 속으로 빨려 들어갑니다.
유난히 물고기를 좋아하는 천성이라 마트나 시장에 가도 생선가게는 꼭 둘러봅니다. 활어가 노는 수조 앞에 가면 떠날 줄 모르지요.
아내에겐 늘 핀잔거리입니다.

토요히라 강의 기적

기록영화의 제목도 어렴풋이나마 기억에 남습니다.
너무나 감동적인 작품이었지요. '토요히라가와(豊平川)의 기적'입니다.
홋카이도(北海道)의 명물은 뭐니 뭐니 해도 연어입니다.
원주민 아이누족에게 연어는 '신이 내린 물고기'이고, 신앙 같은 존재였습니다.
연어의 강으로 불리던 '토요히라 강!' 삿포로의 중심으로 흐르는 이 강의 상징인 연어가 사라집니다. 50여 년 전인 1970년대의 일입니다.
눈 씻고 보아도 연어 한 마리 구경할 수가 없었답니다.
종전 후 물불 가리지 않고 산업에만 매달려온 일본인들, 환경오염과 마구잡이의 끔찍한 현실을 그제야 깨닫습니다.
학계, 시민단체, 지방정부가 팔을 걷어붙입니다. 엄청난 예산이 투입됩니다.
토요히라 강을 생태하천으로 돌리자는 시민운동이 들불처럼 퍼져 나갑니다.
일본인들 주도면밀하더라구요. 학문적으로 접근하기로 합니다.
토요히라 강변에 연어과학관을 세웁니다.
연어 회귀에 대한 생물학적 연구가 본격적으로 시작됩니다.

20여 년 만에 토요히라 강에 돌아온 연어가 떼를 지어 펄떡이는 장면이 흐릅니다.
넋을 잃고 화면에 끌려들어 갑니다.
생각해 보세요! 인구 200여만의 대도시 중앙을 관통하는 하천에서 연어 떼를 볼 수 있다니?
서울의 양재천이나 탄천에서 연어 떼를 볼 수 있다는 말과 같잖아요?!
아내에겐 지루하기 짝이 없는 프로인데, 깜짝 제안을 합니다. 내일 토요히라 강으로 가서 연어과학관부터 둘러보잡니다.
아내답습니다. 제 마음을 콕 찍어냅니다.
특별 서비스랍니다. 제가 응답을 합니다.
"좋아! 오후엔 쇼핑을 수행하고 물주 노릇 단디(단단히란 의미의 경상도 사투리) 하겠노라고…"

토요히라 강으로 갑니다.
곳곳에 적당한 각도로 이어진 계단형 어도(魚道)가 이어지고 주변에는 각종 연어 조형물이 세워져 있습니다.
홋카이도는 연어의 땅이고 연어의 강으로 이루어진 곳입니다.
그 중심도시 삿포로는 연어의 도시이기도 합니다.
연어과학관을 둘러봅니다. 일본의 유명 건축가가 설계한, 과학관답지 않은 아주 감성적인 건물입니다.

민물과 바다를 오가는 연어의 일생이 도표, 사진, 동영상으로 일목
요연하게 볼 수 있도록 전시되어 있습니다.
커다란 수조에는 멸치 같은 치어들이 바글바글합니다.
암컷 연어는 한배에서 3,000여 개의 알을 품고 강의 중·상류(中上
流)로 가서 산란을 합니다.
부화된 치어들은 바다로 가서 성어(成魚)로 자라면 태어난 모천(母
川)으로 돌아와 산란과 수정을 끝내고 생을 마감합니다.
의학자로서 가장 관심이 가는 것은 연어가 IQ가 높은 천재도 아니
고, GPS 같은 현대적 장비도 없이 어떻게 수천, 수만Km 떨어진 모
천을 찾아갈 수 있을까? 입니다.
일본의 각 대학에서 나온 논문들도 전시되어 있더라구요.
예민한 후각을 통해서, 수온의 변화를 느끼면서, 해류의 흐름을 따
라서 회귀한다는 연구 논문들이 줄을 이었지만 결론은 '모른다!' 입
니다.
불가사의한 게 연어의 모천회귀입니다.
연어 공부(?)에 흠뻑 빠집니다.
곰곰이 생각해 봅니다.
모천으로 돌아와 3,000여 개의 알을 낳은 암컷 연어들!
수정을 완수한 수컷 연어들!
임무에 지쳐 조용히 삶을 마감하는 연어들!
위기에 위기를 극복한 파란만장한 성취의 일생입니다.

알에서 깨어난 새끼가 바다로 진입할 때, 무게가 겨우 1g 정도로, 송사리만합니다.

물총새, 곤줄메기 같은 포식자들의 공격을 이겨낸 새끼들입니다.

바다에 진입합니다.

망망대해를 몇천Km, 몇만Km를 돌아 모천으로 돌아올 때쯤이면 2~3Kg 정도의 어른 팔뚝만한 성어로 자랍니다.

무려 3,000배나 커진 겁니다.

바다의 포식자들, 수온의 변화, 해류의 급변, 온갖 역경을 이겨내고 고향의 강에 도착한 연어들, 더 큰 역경을 거쳐야 합니다.

세찬 격류, 소용돌이를 거슬러 올라가며, 때로는 3m나 되는 폭포도 뛰어넘어야 합니다. 뿐인가요? 곰들과 인간의 공격도 피해야 합니다.

몇 년 전, 자기가 태어났던 상류의 알 낳기 알맞은 곳에 도착하면 기진맥진한 연어들은 몸을 비틀며 산란과 수정을 해냅니다.

3,000개의 알을 낳는 기적을 이룹니다. 그리고 암컷, 수컷 할 것 없이 조용히 눈을 감습니다.

미물인 물고기지만 일생일대의 성취를 이룬 것입니다.

연어 이야기를 쓰자는 게 아닙니다.

한국전립선-배뇨관리협회를 이끌면서 연을 맺었던 기업인이 있었습니다. 참으로 연어와 같은 삶을 사신 분입니다.

이제 연어를 닮았던, 그 기업인의 이야기로 넘어갑니다.

울주군 삼동면 둔기리를 아시나요?

두메산골 노년들을 찾아다니기 20년입니다.
우리 협회 임직원들이 질색하는 행사가 하나 있습니다.
바로 선거라는 나라의 행사입니다. 특히 지방선거가 있는 해에는 선거 몇 달 전부터 모든 순회 진료 행사가 올스톱입니다.
공무원들은 선거법이 겁나 몸을 사리고 낯 두꺼운 후보자들은 진료 행사장까지 몰래 들어와 선거운동을 하기 때문입니다.
2010년 봄입니다.
열심히 준비 중이던 진료 행사가 갑자기 군청의 변덕으로 중단이 됩니다. 바로 지방선거를 빙자해서 말입니다. 협회 사업 일정이 뒤죽박죽입니다.
하늘이 돕습니다.
봉사라면 사족을 못 쓰는 절친이 있습니다. 자신이 관여하는 어느 복지재단에서 울주군 노년들을 돕고 싶답니다.
선거법이고 자시고 아무 걱정 말고 진료를 해달랍니다.
무조건 해야 한답니다. 군청에서 책임지고 지원할 거랍니다.
두 달도 안 남은 5월 첫째 토요일로 날짜도 정해졌답니다.
의료진, 봉사대원 70~80명이 동원되는 행사라 몇 달간의 치밀한 기획이 필요한데, 억지도 이런 억지는 없습니다. 손사래를 칩니다.
그런데 말입니다. 사연을 듣고 보니 모든 게 감동 그 자체입니다.

모두가 팔을 걷어붙이고 진료 준비에 뛰어듭니다.

한 해 전인 2009년 연말, 어느 기업인이 자신의 미수(米壽, 88세) 기념으로 570억이라는, 그야말로 '억!' 소리 나는 거액을 내놓습니다.
회삿돈이 아니고 개인 지갑에서 말입니다.
돈의 용처도 분명히 합니다.
내 고향 울주군민을 위해서만 써라!
똑똑한 아이라면 서울의 유명 학원에라도 보내라!
사교육도 좋으니 제대로 인재 한번 키워보자! 이겁니다.
역시 거인(巨人)다운 용단입니다.
재일동포 기업인으로 롯데그룹을 창업한 신격호(辛格浩) 회장이 통 큰 지갑의 주인공입니다.
재단 이름도 명확히 합니다.
자신이 태어난 '울주군 삼동면 둔기리'에서 따옵니다. 이름하여 '롯데삼동복지재단'입니다.
재단 창립기념 첫 사업이니 이왕이면 고향 울주의 배뇨장애로 고생하는 노년들에게 제대로 된 전문 진료를 받게 하고 싶답니다. 어르신의 따뜻한 마음이 고스란히 가슴속에 전해옵니다.
따끈따끈한 이야기 하나 더 합니다.
매년 5월 첫째 일요일에는 울주군 출신으로 같이 늙어가는 노년들을 불러 잔치를 엽니다.
때로는 1,000여 명이 모일 때도 있답니다. 롯데그룹에서 나오는 식품, 과자, 음료 한보따리 하며, 적지 않은 용돈까지 나누어 드립니다.
이름하여 울주의 '5월 잔치'입니다.
40년 동안을 말입니다.
한 번도 빠지지 않고 참석했답니다.
가슴 아픈 이야기도 전해 옵니다.
삼동면 일대가 댐 건설로 물에 잠겼답니다. 어렸을 때 친구들도 다 뿔뿔이 흩어졌답니다.
5월이면 그들을 일일이 수소문해 불러들이고 잔치를 베푼 것입니다. 눈물겨운 고향 사랑입니다.

첫 진료 행사가 대성공을 합니다.
다음날 '5월 잔치'에 모인 어르신들이 이구동성으로 처음 받아보는 아랫동네 진료 이야기만 하더랍니다.
놀랍기만 한 현대적인 전문 진료에 감읍했답니다.
회장님께서도 파안대소했답니다.
이 행사를 계기로 울주를 비롯해 타지역 노인들에게도 재단의 혜택이 돌아갔습니다.
삼동복지재단과의 협력 사업이 이어지면서 신격호 회장님의 삶이 조금씩 조금씩 뇌리에 입력이 됩니다.
사실 저는 신 회장과 일면식도 없습니다.
전화 몇 번에 치료제만 보내드렸을 뿐입니다.
단지 재일동포인 큰형님을 통해 전설 같은 이분의 이야기를 자주 들었지요.
참 대단한 분이라고, 경영의 귀재라고 부러워했습니다.
2020년 정월 어느 날, 99세를 일기로 파란만장한 삶을 마감합니다.
문상을 다녀오면서 언젠가 이 어른의 삶을 글로 남기자는 생각에 잠깁니다. 마침 2021년이 신격호 회장 탄생 100주년이기도 합니다.

연어를 닮은 기업인

1941년, 스무 살의 앳된 청년 가장이 돌배기 딸과 일찍 혼인한 새댁을 남겨둔 채, 미지의 나라 일본으로 전마선(傳馬船)을 타고 밀항을 합니다.
삶이 혹독했던 일제 식민지 시절, 울주군 삼동면 출신의 이 젊은이는 대오각성합니다.
삼시 세끼도 어려운 이런 삶을 마냥 살 수는 없다!
넓은 세상으로 가보자!
당시 위세가 하늘을 찌르던 일본으로 갑니다.

혈혈단신으로 결행을 합니다.
송사리 같은 새끼 연어가 겁도 없이 대양으로 나가듯 말입니다.
멸시의 대상인 조센징(조선인) 젊은이는 포식자가 득실거리는 일본 땅에서 생존을 위해 몸부림을 칩니다.
입에 풀칠하기도 어려운데, 공부도 합니다.
그야말로 피땀 어린 주경야독을 이어갑니다.
드디어 와세다(早稻田)대학교 졸업장을 움켜쥡니다.
동분서주, 좌충우돌, 생존을 위해 미친 듯 쏘다닙니다.
살길을 찾아 머리를 쥐어짭니다.
천신만고 끝에 전후 미국 문화에 푹 빠진 일본인들에게 츄잉껌을 내놓습니다.
날개 돋친 듯 팔려나갑니다.
일본 열도를 롯데 껌으로 덮어버립니다.
절치부심, 장사에 매진합니다.
밀선(密船)을 탄 지 10여 년 만에 약관 33세의 청년이 장사꾼을 넘어 기업인의 반열에 오릅니다.
그의 철두철미한 경영 정신은 단순한 껌에서, 초콜릿, 아이스크림, 제과에 이르기까지 마구 뻗어나갑니다.
이상합니다.
사업의 성공으로 부러울 게 없었지만 늘 허전합니다.
떠나올 때의 고향을 잊을 수가 없습니다.

그의 핏속에는 고향산천에 대한 그리움이 돌고 있었습니다.

성어가 되어 망망대해를 헤엄치면서도 그 작은 모천(母川)을 그리는 연어와 다를 게 없습니다.

이제는 한 푼이라도 가난한 모국을 도와야 할 때라고 다짐합니다.

1965년, 길이 열립니다.

철저히 앙숙이었던 한국과 일본이 국교를 맺습니다.

대부분의 성공한 재일동포 기업인들은 가난에 찌든 조국에 대한 투자를 찜찜해합니다.

이분은 그게 아닙니다.

일본에서 벌어들인 자금을 아낌없이 모국에 쏟아붓습니다. 일본 정부의 오해를 받으면서도 말입니다.

일본 롯데가 한국에 진출한 지 반세기가 넘습니다. 이제는 그룹의 본거지가 한국이 되고 세계적인 기업으로 우뚝 섭니다. 껌에서 제과로, 식품으로, 유통으로, 건설로, 화학으로 세계를 누빕니다.

대기업의 성공일지를 쓰자는 게 아닙니다.

엄청난 성취를 일궈낸 창업주 개인의 삶을 짚어보고 싶습니다.

굴러온 돌이라며 괄시와 질시와 훼방을 받으며 거대한 기업을 일군 그의 삶은 진실로 목숨을 건 생존의 투쟁이었을 것입니다.

더구나 일본 문화와는 이질적인 몇 엔짜리 츄잉껌을 만들어 일본 열도를 덮어 버린 그의 성취는 그야말로 오키나와 전투였을 것입니다.

'5월의 잔치'

종전 후 일본에 살게 된 재일동포들의 삶을 들여다봅니다.
1979년, 니혼다이가쿠(일본대학) 의학부 교단에 일 년 남짓 선 적이 있습니다.
큰형님이 재일동포였기에 그들의 방황하는 삶을 볼 수 있었습니다.
가장 힘든 갈등은 일본인으로의 귀화 여부입니다. 많은 교민들이 아이들 교육, 취직, 혼사를 위해 한국의 국적을 버리고 원수 같은 일본인으로 귀화를 합니다. 양심이, 자존심이 상처를 입습니다.
형님도 술 한 잔 드시면 귀화에 대한 죄책감으로 가슴을 쳤었지요.
그뿐인가요?
괄시와 훼방을 놓는 일본인들보다 동족끼리의 갈등이 더 큰 생채기가 됩니다.
종전 후 얼마 동안은 거류민단(재일본 한국거류민단)과 조총련(조선인총연합회)과의 고래 싸움에 새우 같은 민초들은 등이 터졌지요.
이런 악조건 속에서도 대기업을 일군 신격호 회장이야말로 난세의 영웅이 아닐 수 없습니다.
마치 1g짜리 새끼 연어가 망망대해로 나가 온갖 포식자를 물리치고 기후변화, 이상 수온, 해류의 급변… 온갖 악조건을 이겨내고 어른 팔뚝만한 성어로 자란 연어와 다를 바가 없습니다.

연어를 닮은 게 또 하나 있습니다.

태어난 곳을 잊지 못해 다시 모천으로 돌아오는 연어처럼 그는 고향을 잊지 못합니다.

연세가 들수록 어릴 적 고향 친구들을 잊을 수가 없습니다.

그래서 매년 찾아옵니다.

바로 5월의 잔치가 그것입니다. 그것도 40년 동안 말입니다.

참으로 긴 세월 이어온 촉촉한 미담인데 세상에는 잘 알려지지 않았더라구요.

이상합니다. 잔치에 참석은 해도 먼발치에서 잠깐 보고는 사라진답니다. 어르신 성품이 그렇답니다.

오른손이 하는 일이 왼손에게도 일급비밀이었답니다.

자화자찬이나 나대는 것은 질색이었답니다.

지난해 정월 어느 날 백수(白壽)를 채우시고 소천을 합니다.

문상을 다녀옵니다.

선비 같은 단아한 모습의 영정을 보면서 잠깐 상념에 젖습니다.

고인이 롯데를 이끌고 모국으로 돌아온 지 어언 반세기가 넘습니다.

그 50년 동안,

고인 덕분에 봉급을 받아 간 직원들 수는 얼마나 될까?

그 봉급으로 교육받은 학생 수는 몇 명쯤 될까?

고인이 남긴 건물, 시설물은 얼마나 될까?
세계 각국의 업장(業場)에서 한국으로 보낸 외화는 얼마나 될까?
나라에 바친 세금은 과연 얼마나 될까?
답은, 그냥 '천문학적 숫자'라는 말로 대신합니다.
계산 불가이지요.
정작 고인은 머나먼 황천길을 떠나면서 노자 한 푼 들고 가지 못했습니다.
고인이 거두었던 모든 것은 다 남겨두고 가셨습니다.
성공한 기업의 결과물은 고스란히 백성들에게 돌아가기 마련입니다.
엄청난 기업을 일구었던 많은 창업주들이 하늘로 떠나갔습니다.

돌이켜봅니다.
극동의 쬐그만 나라!
둘로 갈라져 피 터지게 싸운 나라!
가난의 대물림으로 찌들대로 찌들었던 나라!
이런 나라가 한강의 기적을 이룹니다.
세계 10대 경제대국이 됩니다.
123층의 랜드마크 타워를 세웁니다.
K-파워(Korean Power)란 새로운 역사를 씁니다.
이것이 바로 악전고투 끝에 대기업을 창업한 분들의 성적표입니다.

세계인들이 모두 올 에이(All 'A')라고 엄지척입니다.
그들은 맨손으로 전쟁하듯 기업을 넓혀갔습니다. 역전의 장수(將帥)들처럼 말입니다.
그들의 전공(戰功)을 잊어서는 안 될 것입니다.
진정 그들은 애국지사(愛國志士)가 아닐 수 없습니다.

나무보다 숲을 보는 지혜가 필요한 세상입니다.
기업을 늘리고 부를 쌓아 가다 보면 흠집이 없을 수 없습니다.
생전에 그들을 손가락질하던 훼방꾼들이 부지기수였습니다.
기업인들을 매도하는 나라의 결과물은 백성들의 가난뿐입니다.
삶의 끝자락까지 고향산천을, 모국을 사랑했던 신격호 회장님!
일백 년 전 회장님의 탄생은, 이 나라를 위해 축복이었습니다.
(2021. 7)

신격호(辛格浩, 1921~2020) | 롯데 창업주, 초대회장. 경남 울주군 삼남면 평범한 농가의 큰아들로 태어나 일제강점기에 일본으로 건너가 신문과 우유 배달, 공원으로 일하며 와세다고등공업학교(지금의 와세다대학 이학부)를 졸업했다. 1948년 일본에서 롯데를 창업했고, 1967년 한국에 롯데제과를 설립한 이후 한일 양국에서 롯데그룹을 일구었다. 1978년 국민훈장 무궁화장, 1995년 관광산업 분야 최초로 금탑산업훈장을 받았다.

인연의 강
강신호 동아쏘시오그룹 명예회장 이야기

길고 긴 인연의 강이 흘렀습니다.

반세기가 넘었네요.

60년대 말, 병아리 의사인 레지던트 주제에 어느 선배의 꾐에 빠져 엉뚱한 짓을 합니다.

JCI(Junior Chamber International, 국제청년회의소)라는 세계적인 봉사단체 회원이 된 것입니다.

40세 이하의 대기업 중간관리자, 중소 상공인들이 모인 서울JC에 입회를 합니다. 모두가 의사하고는 거리가 먼 기업인들인데 나이만 같은 또래입니다.

마음에 드는 것은 그 어려웠던 시기에 자선음악회를 열어 수익금으로 풍금을 마련해 고아원에 기부를 합니다. 연말이면 십시일반

모금해 전방위문을 가기도 합니다.

저로서는 처음으로 봉사의 맛을 본 거지요.

봉사의 뒷맛! 묘하게 좋더라구요.

그런데 말입니다. 이런 봉사활동의 뒤에는 알게 모르게 후원하는 큰손이 있더라구요. 현역을 떠난 선배일 뿐인데 봉사활동이라면 팔 걷고 앞장서는 분이 있더라구요.

바로 베풂의 달인, 동아제약 강신호 사장이었습니다.

풋내기 의사에겐 감히 바로 볼 수도 없는 대선배이자 사회적 명사입니다.

더욱이 박카스 사장으로만 알고 있던 선배님이 서울의대를 나오시고 독일에서 내과학을 전공하신 의사 선생님이라는 사실을 듣고는 놀라자빠집니다.

어쩐지 의사 선생님 냄새가 풀풀 나더라니….

이때부터 무의식중에도 선생님이라는 호칭이 튀어나옵니다.

그 무렵, 선생님도 제가 세브란스병원 비뇨의학과 레지던트라는 사실을 알고부터는 동업자라고 살갑게 감싸줍니다.

만날 때마다 레지던트가 JC 활동하기 힘들 텐데 참 용하다고 부추겨 주시더라구요.

교수의 꿈을 접고

1973년, 꼭 50년 전입니다.
해군 군의관을 예편하고 연세의대 올챙이 교수가 되었을 때 가장 좋아했던 분이 선생님이었습니다.
"의사는 학문하는 교수가 제일이지!"
"나도 대학병원 교수가 꿈이었어!"
"독일에서 오기 싫었지! 교수 하고 싶어서…."
세월이 흐릅니다.
이화대학병원 비뇨의학과 주임교수가 되면서 이 모임, 저 모임 만나는 기회가 많아졌습니다.
늘 꼬장꼬장하시고 단아하셨던 선생님도 나이를 속일 수가 없더라구요.
칠순이 넘으시면서 소피 보기가 점점 힘들어집니다.
모교인 서울대병원에서 수술을 권합니다. 싫답니다.
저에게 맡기겠답니다.
존경하는 분일수록 칼 대기가 두렵거든요.
당시 이 나라에 처음 도입한 레이저 수술을 합니다.
3일 만에 카테터(도뇨관)를 제거합니다.
"소변이 콸콸이야!"
"권 선생! 명의다 명의!"

파안대소하는 모습이 꼭 삼척동자입니다.
재래식 전기절제술이면 10여 일은 입원해야 되거든요.
시간이 돈인데 큰돈 벌었다고 자랑을 합니다.

잊을 수 없는 이야기

2000년대 들어서면서 저의 삶에 큰 변화가 옵니다.
IMF라는 괴물이 한국 경제를 덮치고 수많은 기업들이 도산을 하게 됩니다.
한국전립선관리협회에 사무실을 내주고 재정적 지원을 도맡았던 벤처기업도 문을 닫습니다.
협회가 거리로 쫓겨나 노숙자 신세가 됩니다.
각고의 노력으로 협회를 창립하신 김영균 회장님께서 손수 저를 찾아옵니다.
김영균 회장님! 서울의대 학장, 비뇨의학과학회장을 두루 역임하신 의료계의 거인입니다. 연배로 봐도 대선배인데, 새카만 후배에게 읍소를 합니다.
협회를 맡아 달랍니다.
일언지하에 거절을 합니다.
이런 협회를 운영할 능력도, 경험도 없잖아요.
노구를 이끌고 세 번이나 찾아오십니다. 제가 제갈량도 아닌데 삼고초려를 하신 겁니다.

그 무렵 강 선생님의 전화를 받습니다.

단호합니다.

"권 선생! 협회를 맡으세요! 나도 도와줄게!"

밤을 꼬박 새우며 고민 끝에 협회를 맡기로 합니다.

훗날 알고 보니 제 코를 꿴 것은 바로 강신호 회장님이셨더라구요.

김영균 초대회장과는 서울의대 동창으로 절친인데다 아예 협회 창립에도 알게 모르게 후원을 하셨더라구요.

봉사활동을 같이했던 선생님이 저를 강추하셨다는 후문입니다.

허기야 1995년 창립 때부터 협회 상임이사, 2002년부터는 명예회장이셨으니, 참으로 길고 긴 인연의 강을 함께 건넌 것입니다.

협회를 맡은 지 20여 년!

맨땅에 헤딩하듯 보건소 순회검진, 도서벽지 진료사업, 잡지 발행을 이어가다보니 자빠질 뻔한 고비가 한두 번이 아니었습니다.

그때마다 손을 잡아주신 회장님을 잊을 수가 없습니다.

두메산골 갈 때마다 박카스하며, 상비약을 늘 궤짝으로 보내줍니다.

행사 때마다 알게 모르게 지갑을 열어주셨지요.

겸손의 화신

무슨 인연인지 알다가도 모를 일입니다.

10여 년 전 어느 날 갑자기 부름을 받습니다.

다짜고짜 동아제약의 사외이사를 맡으랍니다.

알아야 면장이라도 하잖아요. 회사의 경영, 재무, 영업이란 단어조차 그야말로 일자무식인데 사외이사라니!

단도직입으로 손사래를 칩니다.

묘한 말로 저를 옭아맵니다.

우리 회사 임직원들 약을 만들고 팔 줄만 알지 진짜 고객인 의사들의 의중이 무엇인지는 관심도 없답니다. 의사들이 좋아하는 약제의 형태, 투약방법, 투약시간을 세세하게 임직원에게 설명해 달랍니다.

약업계에서 모르는 의료계의 현실을 적나라하게 알려 달랍니다.

얼떨결에 몇 년간 회장님을 곁에서 모시게 됩니다.

말투는 사근사근한데 좌중을 꼼짝 못하게 휘어잡는 최고경영인의 진면목을 보았습니다.

선생님은 겸손의 화신입니다.

2002년인가? 대통령이 바뀌고 세상이 어수선할 때입니다.

원래 지명된 회장의 고사로 인품이 고매하신 선생님이 전경련(전국경제인연합회) 수장으로 선출이 되었는데, 갑자기 신임 회장이 사라졌답니다. 모든 언론이 난리가 납니다. 행방이 묘연하답니다.

은근히 걱정이 됩니다.

4일째 되는 날 퇴근 무렵, 갑자기 제 방으로 들어오십니다.

"커피 한잔 줘요!"
반갑기도 하고 놀랍기도 해 말문이 막힙니다.
"우리 회사 연 매출이 반도체 회사의 한 달 매출도 못 돼!"
"구멍가게 주인이 무슨 전경련 회장이야!"
"그래서 살짝 숨었어!"
"그동안 심심할 때 수필 하나 썼어요! 〈전립선〉 지에 내도 돼!"
기업인들에게는 최고의 명예직도 선생님의 겸손 앞에서는 허당이 더라구요.
전경련 회원들의 끈질긴 성화로 겨우 수락을 합니다.

'하쿠나 마타타'

선생님께서 유난히 좋아하셨던 건배사가 하나 있습니다.
우리 협회의 봉사대원들이 진료를 끝내고 뒤풀이할 때 힘차게 외쳐대는 "하쿠나 마타타!"입니다.
동남 아프리카의 스와힐리어로 "문제없어!", "잘 될 거야!", "괜찮아!"라는 뜻의 긍정의 언어입니다.
말뜻과 어감이 너무나 좋답니다.
회장님께서 혼신의 노력으로 일으킨 동아제약!
천년기업도 문제없습니다!
애지중지 키워온 박카스!

천년 브랜드로 갈 거예요.
모두가 "하쿠나 마타타!"입니다.

내후년이면 우리 협회가 창립 30주년입니다.
20년 기념행사 때 30년 행사는 근사하게 열자고 파안대소하시던 모습을 잊을 수가 없습니다.
참으로 긴 세월, 협회의 기둥이셨지요.

저의 삶을 긍정과 겸손으로 이끌어주신 선생님!
눈물어린 감사의 절을 올립니다.
머나먼 하늘 여행길 안녕히 가십시오. (2023. 10)

강신호(姜信浩, 1927~2023) | 동아쏘시오그룹 명예회장. 서울대 의과대학과 대학원, 1958년 독일 프라이부르크대학(의학박사) 졸업. 동아제약 사장과 동아쏘시오그룹 회장으로 우리나라 제약산업을 이끌었다. 제29, 30대 전국경제인연합회 회장 역임. 1966년 한국청년회의소(JCI) 중앙회장, 1987년 수석문화재단 이사장 등을 맡아 사회공헌에 기여했다. 은탑산업훈장(1984), 국민훈장 모란장(1994), 국가과학기술 창조장(2002), 독일 일등십자공로훈장(2005), 일본 욱일대수장(2007) 등 수훈.

거인의 전설
김영균 한국전립선배뇨관리협회 초대회장 이야기

온 나라가 쑥대밭이 되고 폭격으로 폐허가 된 서울은 유령도시가 됩니다. 휴전을 앞두고 전선에서는 한 뼘의 땅이라도 더 차지하려고 피투성이 전투가 벌어집니다.

1953년의 이 나라가 그랬습니다.

이 무렵 앞날이 칠흑 같은 혼돈 속에서도, 선진의학을 배우려고 몸부림치는 비뇨기과 의사가 있었습니다.

냉기 도는 골방에서 독수리 타법으로 타자기를 두드립니다. 닥치는 대로 미국의 유명 병원으로 연수 신청서를 써 보냅니다.

워낙 가열차게 두드리니 문이 열립니다.

필라델피아 종합병원으로부터 완벽한 초청서류가 날아옵니다.

용감무쌍한 청년 의사는 1953년 11월 부산항에서 여객선도 아닌

화물선을 탑니다. 장장 보름간을 파도와 멀미를 견뎌 냅니다.
서울에 두고 온 돌 지난 딸과 아내를 그리며, 눈물의 항해 끝에 샌 프란시스코에 도착합니다.
꿈에도 그리던 필라델피아로 갑니다.
필라델피아 종합병원은 시립이다 보니 진료 중심 병원이라 환자가 넘쳐납니다. 공부할 틈이 없습니다.
또다시 문을 두드립니다.
세계 최고 명문인 존스홉킨스 병원에서 부름을 받습니다.
하늘의 계시입니다.
전립선학의 대가인 스콧 교수 문하생이 됩니다.
전립선비대증, 전립선암에 대해 눈을 뜨게 됩니다. 운명적으로 전립선학 연구의 길로 들어선 것입니다.
미국인들 눈에도 그의 활약이 눈에 띕니다.
전쟁으로 폐허가 된 한국이라는 쬐그만 나라에서 온 젊은 의사의 기사가 지역신문에 대서특필되기도 합니다.
생각해 보세요!
그 풍전등화(風前燈火)의 시기에 태평양을 건너시다니! 한국판 인디아나 존스가 따로 없잖아요.
정식 전문의 수련과정에 넣어 주겠다는 스콧 교수의 특별한 배려를 뿌리치고 3년간 유학을 마치고 귀국을 합니다.

1956년 정초입니다.

휴전되고 나라는 재건의 기지개를 켤 때입니다.

서울대학병원 비뇨기과교실과 이 나라 비뇨기과학 발전을 위해 혼신의 힘을 기울입니다.

오늘날 우리나라 비뇨기과학의 수준이 선진국 대열에 오르는 데 견인차 역할을 합니다.

바로 우리 한국전립선관리협회를 창립하신 서울의대 김영균 교수님의 삶이었습니다.

2021년 3월, 화창한 봄날에 하늘의 부름을 받습니다.

'전립선은 내 운명'

학문적으로나 인간적으로나 진정한 의미에서 저에게는 선생님이셨습니다. 그래서 언제나 선생님으로 불렀습니다.

'전립선은 내 운명'

선생님께서 쓰신 2015년 협회 창립 20주년 기념사 제목입니다.

진실로 선생님의 삶은 전립선 그 자체였습니다.

이제 그 전설을 씁니다.

정년퇴임이 다가오면서 커다란 꿈을 꾸기 시작합니다.

스스로 다짐을 합니다. 40년 전 비뇨기과 의사로서의 시작은 미국 유학이라는 '모험'이었으니 삶의 마무리도 모험을 하기로 작심을 합니다.

하늘이 신호를 보냅니다.

그 무렵 제1회 호암상 의학부문 수상자가 되고 당시로서는 엄청난 금액인 5,000만 원의 상금을 받습니다.

다음날, 조건 없이 모교인 서울의대 발전기금으로 쾌척합니다.

모두가 놀란 토끼눈이 됩니다.

1991년 정년퇴임을 합니다.

가슴속에 담았던 꿈을 그리기 시작합니다.

"이 나라의 가장 어려웠던, 한 많은 시대를 살아온 우리네 노년들, 그들의 반 이상이 전립선 질환으로 배뇨장애를 겪고 있다. 우리들 정서로는 자녀들에게도 소변 이야기를 꺼낼 수도 없다. 그들에게 정보를 알리고 진료도 해드리자! 그들을 역학적으로 관리해드리자!"

정부에서나 가능한 아주 큰 그림이었지요.

법인 구상을 하다 보니 역시 재정적 난관에 부딪칩니다.

궁리 끝에 호암재단을 찾아갑니다. 전립선관리협회의 취지를 설명합니다.

연전에 선생님의 상금 기부에 감동했던 재단에서 흔쾌히 지원을 약속합니다.

베풂에는 오는 정이 있기 마련입니다.

10년 가뭄에 소나기입니다.

호암재단뿐만 아니라 몇몇 기업인들도 흔쾌히 뜻을 같이합니다.
1995년 11월 27일 '사단법인 한국전립선관리협회'가 설립됩니다.
고희(古稀)의 나이에 벌인 모험을 성취로 이끌어냅니다.
참으로 거인(巨人)의 모습입니다.
축복이 이어집니다. 커다란 벤처기업이 앰뷸런스를, 초음파 장비를, 사무실을 마련해 줍니다.
서울 근교 낙후지역을 찾아 강의를 하고 무료검진을 시작합니다.
몇 년이 지나 협회 사업이 서서히 자리를 잡아갈 무렵입니다.
한강의 기적이라고 뽐내던 나라에 IMF발 금융위기가 덮칩니다.
나라 전체가 비틀거립니다.
전생의 인연인지, 이 금융위기가 저로 하여금 선생님이 닦아 놓은 길을 따르게 합니다.

IMF 험난한 파고를 넘어

금융위기로 경제계에 한파가 몰아치던 2000년 봄쯤인가?
연배로 보나 명성으로 보나 저희들에게는 상왕(上王) 같은 선생님께서 저를 찾아오십니다.
수심이 가득합니다.
단도직입적으로 한국전립선관리협회를 맡아달랍니다.
저는 이런 법인을 이끌 그릇이 안 되거든요!

일언지하에 거절을 합니다.

그동안 협회 사무실을 내주고 온갖 후원을 아끼지 않던 기업도 IMF라는 광풍에 부도가 나고 다른 기업으로 넘어갔답니다. 협회 사무실도 거리에 나앉게 되었답니다.

힘없이 걸어 나가시던 선생님의 모습! 지금도 눈에 선합니다.

또 찾아오십니다.

이번엔 제가 묻습니다. 문하생 중에 대단한 선생님들이 많은데 왜 저냐고 묻습니다.

웃으십니다.

가족회의에서 모두 저에게 표를 던졌답니다.

그래도 미적거립니다. 도저히 자신이 없습니다.

그날 저녁 식구들과 밥을 먹으며 협회 이야기를 합니다.

뜻밖에 아내가 묘한 말을 합니다.

"정년퇴임하면 당신 주변머리로는 개업도 못할 테고, 봉사나 하구려!"

세 번이나 찾아오시더라고요. 그야말로 삼고초려(三顧草廬)입니다. 백팔번뇌의 고심 끝에 협회를 이어받았지요.

꼭 20년 전의 일입니다. 선생님과의 운명적 인연입니다.

IMF라는 괴물이 중매를 한 것이지요.

처음 고흥에서 도서벽지 진료를 시작한 이래 많은 오지를 동행하셨지요. 사모님과 함께한 것도 한두 번이 아니었습니다. 팔순을 넘기신 노부부가 말입니다.

거제도 진료 가는 길에서입니다.

선생님의 제자들이 저에게 귓속말을 합니다. 근엄하기 그지없는 어르신인데, 이상하게 행사 버스만 타시면 웃음이 헤퍼지신다고요.

훗날 사모님의 말씀도 같습니다. 우리 영감님 진료 행사만 다녀오시면 웃는 날이 많아지신답니다. 희한하답니다.

저라고 뾰족한 수가 있나요? 칼잡이 훈장이 협회를 운영하자니, 매일 비틀거립니다.

그럴 때마다 손을 잡아주셨습니다.

선생님의 응원과 격려는 사랑이었습니다.

'선생님의 뜻 잘 이어가고 있습니다'

하늘나라에 계신 선생님께 아룁니다.

지난 2020년, 선생님께서 씨를 뿌리신 협회가 25주년 사반세기를 맞았습니다.

기념모임을 계획했지만 코로나19 사태로 미루고 있습니다.

무슨 수를 써서라도 선생님 내외분을 모시고 싶었습니다.

협회와 삶을 같이 했던 김세철 교수가 협회를 너무나 잘 이끌고 있습니다. 새로운 인재들을 임원으로 모십니다.

전국적으로 남녀 모두의 배뇨장애 돌봄서비스를 관리하는 온라인

시스템도 실시하고 있습니다.

기뻐해 주세요! 임직원들의 탁월한 기획이 선생님의 뜻을 잘 이어가고 있습니다.

선생님! 각고의 노력으로 만드신 협회가 10만여 명의 노년들에게 행복을 전했습니다.

아비규환의 전쟁 속에서도 미국 유학이라는 모험을 감행하신 결단과 칠순의 나이에 사단법인을 만드신 그 용기를 기억합니다.

모험에서 시작하시고 모험으로 생을 장식하신 선생님은 정녕, '거인(巨人)의 전설'입니다.

후학이 한마디 드립니다.

이제 부처님 곁에 계시니 모험일랑 하지 마세요!

유유자적 편안하게 지내세요!

제가 선생님 곁으로 갈 때는 그리도 좋아하시던 초밥은 꼭 사들고 가겠습니다.

선생님 내외분과 두메산골을 찾아다니던 추억이 못내 그립습니다.

협회의 임직원, 자원봉사대원들 모두가 선생님의 명복을 간절히 기원하고 있습니다.

고이고이 잠드시옵소서! (2021. 4)

김영균(金英均, 1926~2021) | 경성제대 의학부, 서울대 의과대학 졸업 후 미국 존스홉킨스의대 비뇨기과, 미육군 월터리드병원 병리학과에서 근무했다. 전립선학의 대가 스콧 교수의 문하생으로 수학. 1956년 서울대병원 비뇨기과학 교수로 부임해 의대 학장, 명예교수를 지냈고, 단국의대 의료원장 역임. 정년퇴임 후 1995년 사단법인 한국전립선관리협회를 창립해 전국 낙후지역을 찾아가 전립선 배뇨 관련 의료봉사를 펼쳐왔다. 제1회 호암상(의학부문), 제36회 보령의료봉사상 대상 수상.

'무서운 지성'
시대의 지성 이어령 선생님 이야기

무척 망설였습니다.
제대로 글 공부 한번 못한 주제에 이 나라 문단의 태산(泰山)이신 이어령 선생님을 글로 옮기자니 손이 떨리고 두렵기 그지없습니다. 그래도 용기백배 펜을 듭니다.
저에게 의학을 전수해 주신 어느 분보다 우러러보아 왔습니다. 평범한 칼잡이 의사에게는 감히 넘볼 수 없는, 영혼을 흔드는 글만 써오신 선생님을 너무나 존경했기 때문입니다.

'축소지향의 일본인'

1980년대 초입니다. 몇 년 전, 일본 연수가 인연이 되어 일본의 비뇨기과 교수들과 교류를 하게 되고 왕래가 잦게 됩니다.

놀랍게도 만나는 교수마다, 당신 이화대학 교수이니 이어령 선생을 아느냐고 묻습니다.

문학이니 비평이니 하는 동네는 근처에 가본 적이 없으니 알 턱이 없지요.

더구나 우리 이화대학병원은 동대문에 있고 다른 대학들은 모두 신촌 캠퍼스에 있으니 문리대, 음대, 미대 교수들은 그냥 본교 교수라 부르고 여간해서는 만날 기회가 없습니다.

이 무식한 칼잡이 의사의 뇌리에는 유명한 문학평론가에다 《흙 속에 저 바람 속에》라는 베스트셀러 작가라는 기억만 희미하게 남아 있을 뿐입니다.

그런데 만나는 일본 선생들마다 이어령 교수의 《축소지향의 일본인》이란 책을 아느냐고 묻습니다.

한국인이 일본인보다 더 날카롭게 일본의 민족성과 문화를 파헤쳤다는 것입니다. 더구나 일본어로 썼는데 기가 막힌 책이랍니다.

물론 제가 만나는 의사들이 한일비뇨기과학회 회원들이니 한국에 관심이 많거나 친한파 인사들이란 점도 있지만, 알량하게 자존심이 강한 그들인데 한국인이 쓴 자기네들 이야기에 푹 빠진 것입니다.

이어령 교수 덕에 같은 이화인(梨花人)인 저도 덩달아 우쭐해집니다. 원님 덕에 나팔 분 셈이지요. 모두들 최고의 문명 비평서라고 엄지척입니다.

한 번도 뵌 적은 없지만 제 머릿속에 '이어령'이라는 함자가 뚜렷하게 각인이 됩니다.

바로 그 무렵입니다. 한참 나라의 경제가 좋아진 덕에 우리나라에도 골프 바람이 세차게 붑니다.

제가 모시고 있는 학장님이 골프마니아인데, 미국 유학할 때 골프로 체육학 학점을 받은 분입니다.

재미있는 것은 우리 대학이 철저한 기독교 대학이고 여성교육기관이라 지독히 보수적이거든요.

교수들이 골프를 한다는 건 총장의 눈에는 타락한 이교도로 보였을 것입니다.

우리 학장님이 총장을 어떻게 꼬드겼는지 총장배 골프 시합을 열겠답니다. 교수도 사람이니 체력이 좋아야 강의도 잘하고 환자도 많이 본다고 둘러댔다는 후문입니다.

하필이면 제가 이대병원 골프클럽 회장을 맡고 있을 때입니다. 병원 4팀, 본교 1팀, 주말에 5팀 예약을 하라는 학장의 엄명입니다.

이 시대를 살아온 골퍼들은 다 압니다.

주말에 5팀! 대통령도 어렵다고 할 때이지요.

죽으란 법이 없습니다. 당시 골프장 관리의 주무부서인 교통부의 막강한 국장이 제 환자입니다.

모처럼 여자대학의 교수들 운동 한번 하게 해달라고 읍소를 합니다. 즉석에서 오케바리입니다.

이럴 땐 의사란 직업이 괜찮더라구요.

당시로서는 교수들이 골프 한 번 치려면 지갑이 비명을 지를 때입니다.

이 나라 굴지의 제약회사 회장에게 매달립니다. 인심이 후했던 시절이지요. 요즘 같으면 어림도 없습니다. 법에 걸리거든요.

명색이 총장배이니 각 대학이 섞여야 모양새가 나잖아요. 우리 학장이 수소문해서 신촌 본교 쪽 교수 4명을 끌어들입니다.

놀랍게도 문리대 대표 선수가 바로 이어령 교수입니다.

우리 학장, 사범대학 학장, 이어령 교수, 막내인 제가 한 팀입니다. 모두가 저보다 10여 년 연상입니다.

검은테 안경의 날카로운 모습하며 카랑카랑한 목소리하며 영락없이 촌철살인 비평가의 모습입니다.

재치 있는 농담과 함께 골프를 즐기더라구요. 공의 비거리나 점수에는 별로 관심도 없구요.

경치를 보고 숲과 조경을 감상하고, 날카로운 모습과는 달리 유유자적입니다.

일본에서의 유학 경험도 있다 보니 일본 문화에 대한 화제가 더 저를 끌어들입니다.

골프를 끝내고 회식을 합니다.

선생님 특유의 재치 있는 화술에 몇몇 여성들을 포함한 의대 교수들 모두 넋이 나갑니다. 늘 궁금했던 《축소지향의 일본인》에 대한 이야기를 이끌어냅니다.

일본인들은 작게 작게 하려는 의식이 강한 민족이랍니다. 트랜지스터 라디오, 워크맨, 상다리 부러지는 한정식과는 다른 간단한 도시락, 손에 쥐는 문고판 책, 20자 내외의 단시(短詩)를 좋아한답니다. 자신들이 자각하지 못하는 그들의 사회, 역사, 문화에 대한 날카로운 통찰을 이야기합니다.

모두들 박수를 치고 난리버거지입니다.

우리 병원 골프회원들 이구동성입니다. 가능하면 자주 모시잡니다. 특히 여자 선생님들이 더 보채더라구요.

1년에 한두 번 골프를 즐기는데 만날 때마다 끝없는 지식의 샘물을 퍼 나릅니다.

매일 피와 고름과 신음 속에서 살던 우리 선생님들에게 시, 수필, 소설 같은 낭만의 향수를 뿌려주었지요.

참으로 의미 있는 골프 모임이었습니다. 이때부터 저에게 이어령 교수는 영원한 선생님이 됩니다.

몇 년 지나면서 선생님의 번득이는 지성이 세상을 놀라게 합니다. 88 서울올림픽 개회식과 폐회식 행사를 총괄 지휘합니다.

혹시 기억하실는지요?

메인스타디움을 가로지르며 뛰어가는 '굴렁쇠 소년'의 모습을! 전 세계가 인정한 가장 아름다운 행위예술이었지요.
1990년, 초대 문화부 장관이 되어 이 나라 문예부흥의 씨를 뿌립니다. 오늘날 세계를 휩쓰는 K-문화가 이래서 꽃을 피운 것입니다.
사석에서 하신 말씀을 기억합니다.
그때는 머릿속에서 아이디어들이 신들린 듯 춤을 추었어….

이때부터 선생님은 단순한 작가, 문학평론가에서 한국의 문화계를 아우르는 지성으로 우뚝 섭니다.
바로 이 무렵입니다.
부인이신 강인숙 교수(건국대, 국문학)도 만나게 됩니다.
어느 날 전화를 합니다.
"어이 명의 선생! 우리 내자(內子, 아내) 좀 살려줘요…. 오줌소태가 말이 아냐!"
사모님과의 첫 만남입니다.
겸손과 지성이 몸에 밴 분입니다. 첫 만남에 온기를 느낍니다.
오줌소태는 산부인과에서만 보는 줄 알았답니다.
비뇨기과는 남정네들만 가는 줄 알았답니다.
노년의 여성들에게는 숙명적인 요로감염, 과민성 방광으로 자주 고생을 했답니다. 노년의 여성들에게는 감기같이 들락날락하는 고질병이거든요.
전문적인 치료제 몇 첩으로 사나흘 만에 깨끗해집니다.

며칠씩 주사를 맞아도 낫질 않았는데 너무나 신통하다고 희색이 만면입니다.

선생님의 들뜬 목소리를 듣습니다.

"아내한테 체면이 단단히 섰어!"

"허준(동의보감의 저자)이 옆에 있는 줄 몰랐네!"

"오랜만에 공 치러 한번 가요!"

강 교수님의 저에 대한 신뢰는 절대적입니다. 아무리 심한 오줌소태도 제 약만 먹으면 직방이랍니다.

동병상련의 친구들까지 줄줄이 데려옵니다.

그중에 강 교수님 말대로 이화 삼인방(三人幇)도 제 환자가 되었는데 이 나라 최고의 여류 지성들이더라구요.

이범준 교수(성신여대 대학원장, 국회의원), 부군이 박정수 전 외무부 장관입니다.

이경숙 한영외국어고등학교 이사장, 부군이 한일국교정상화를 이끈 이동원 전 외무부 장관입니다.

어쩌다 세 분이 저에게 오는 날은, 이대동대문병원 비뇨기과 외래가 지성의 향기로 가득했지요.

인연이 깊다 보니 선생님의 형님도 제가 모시게 되었는데 전형적인 충청도 선비였습니다.

그 형에 그 동생입니다.

위대한 아버지들

세월이 흐릅니다.

어쩌다 전립선관리협회를 맡게 되고, 사주팔자에도 없는 〈전립선〉지 발행인이 됩니다.

글공부라곤 근처에도 못 가본 칼잡이 의사가 칼럼을 쓰랴 편집후기를 쓰랴 곤욕을 치릅니다. 몇 년간 진땀을 흘리며 책장을 메워갑니다.

간간이 선생님의 전화를 받습니다.

초짜 발행인을 다독입니다.

"권 선생, 글 좋아요. 권 선생 냄새가 물씬 나거든. 단문(單文) 그대로 쓰세요. 그리고 미사여구 찾지 마세요."

몇몇 독자들의 칭찬은 그저 의례적인 인사로 들었지만 업이 문학평론가인 선생님의 한마디 한마디가 큰 힘이 됩니다.

어느 날 책 이야기 끝에 선생님이 불쑥 한마디 합니다.

"권 선생! 그 아버지 이야기들 말야, 한 번 책으로 엮으세요!"

"구슬이 서 말이라도 꿰어야 보배잖아요!"

"작가라는 사람들, 어머니 이야기만 들입다 쓰더라구. 아버지 이야기만 써대는 건 당신뿐이야."

"일제강점기, 해방, 전쟁, 혁명, IMF… 모진 시련 다 이겨낸 우리 아버지들! 전 세계 어디에서도 볼 수 없는 위대한 아버지들이거든!"

그동안 글쓰기가 어려워 주눅이 들 때마다 알게 모르게 툭툭 던져 주신 선생님의 한마디 한마디가 칼잡이 의사를 '글쟁이'로 이끌어 주신 겁니다.

덕분에 문단에 등단도 했구요.

세월이 많이 흐릅니다.

평창동, 선생님 동네에 사는 죽마고우가 하나 있습니다.

한국 화단의 거목인 일랑 이종상(一浪 李鐘祥) 화백입니다.

우리 돈 오천원권, 오만원권에 이율곡, 신사임당 초상화를 그린 화가로 더욱 유명한 친구입니다.

선생님과는 같은 예술원 회원으로 오랜 세월 의기 소통하는 각별한 사이거든요.

간간이 세 부부가 맛집을 찾아다니기도 합니다.

마지막 과제, 죽음학

우한바이러스가 마각을 드러내기 시작하던 2020년 6월, 어느 날입니다.

선생님이 이종상 화백과 함께 평창동 스페인 맛집으로 불러냅니다.

비록 몇 개월이지만 바르셀로나대학에서 공부한 적이 있다 보니, 익숙한 스페인 음식들로 모처럼 혀가 호강을 합니다. 하몽(Jamon: 돼지 뒷다리를 소금에 절인 햄)도 신나게 즐깁니다.

"권 선생! 이 집 잘 왔지!? 좋아할 줄 알았어!"
사실 속으로 걱정을 많이 했거든요. 큰 우환 중이신데 식사나 제대로 하실는지?… 조마조마했습니다.
이게 웬일입니까
카랑카랑한 목소리하며 호탕한 웃음소리하며 기(氣)가 펄펄입니다. 나오는 접시마다 깨끗이 비웁니다.
"권 선생! 나 말야 화학요법 안하기로 했어. 이 맛있는 음식들 앞에 놓고도 못 먹으면 그게 무슨 의미야!"
명색이 종양학 전문이다 보니 힘드시더라도 '화학요법'을 권하고 싶었는데 입도 벙긋할 수가 없습니다.
"때가 됐으니 요즘 '죽음학'을 공부 중이야."
"칼잡이 의사! 임종을 많이 했던데 진짜 죽음을 본 적이 있어요? 그 죽음이 어떻게 생겼는지 알아야 영접 준비를 할 텐데…. 기분 좋게 죽음을 맞이하고 싶어요."
너무나 밝고 당당한 목소리에 두 후배들 그저 어안이 벙벙합니다.
식사가 끝날 무렵 식당 직원이 아주 커다란 스크랩북을 들고 옵니다.
또 한 번 기절합니다.
"내가 살아오는 동안 정을 나누었던 분들을 기억하고 싶었어. 그냥 그림을 그리든지 몇 자 적어 한 페이지를 채워줘요. 이게 밥값이야!"

호탕하게 웃는 모습인데 왠지 슬퍼집니다.
"하늘에 가면 심심할 때 이 스크랩을 보면 재미있을 것 같애!"
"선생님! 좀 더 있다 하시죠!"
"너무 이르잖아요!"
접시 비우시는 걸 보니 백수(白壽)는 문제없다고 너스레를 떱니다!
"아니야! 쓰라면 그냥 써요."
이종상 화백이 일필휘지로 난(蘭)을 치고 곁에다 소회를 씁니다.

『나의 최초작의 수장가
나의 최고의 큰 스승님
이어령 선생님』

저도 무거운 마음으로 몇 자 씁니다.

『이화 가족 30년!
오랜 세월 어여삐 보아주셨습니다.
저는 늘 선생님의 제자입니다. 2020.06.15.』

더 놀라운 이야기를 합니다.
어느 TV 방송국에서 '내가 없는 세상'에 남기고 싶은 이야기를 사는 날까지 틈틈이 녹화를 해 동영상으로 남기기로 했답니다.

무슨 말인지 감이 안 잡히더라구요. 뱁새가 어이 황새의 뜻을 알겠습니까?

세상에! 어찌 이런 발상을 하셨는지!?

소천(召天) 하신 뒤에야 선생님의 벽오동 심은 뜻을 알고 고개를 떨굽니다.

또 세월이 흐릅니다.

작년 10월 중순쯤인가? 전화를 받습니다.

우환이 깊으시다 보니, 전화를 받을 때마다 늘 가슴이 두 근 반 세 근 반입니다.

다행히 밝은 목소리로 농담까지 합니다.

정부에서 제일 높은 훈장을 준대요.

요즘 소피 보기가 안 좋아, 자주 마렵고…. 훈장 받으러 가다가 바지 적시면 어떻게 하지?

거동이 불편하신 건 알고 있던 터라 자세히 문진을 하고 약을 보내 드립니다.

권 교수 약! 신통해. 오줌소태 싹 가셨어. 청와대까지 가서 훈장 잘 받았어요.

바로 작년 10월, 문화의 날에 정부 최고의 훈장 금관문화훈장을 수훈하신 거지요.

방송에 나오시는 선생님의 모습이 점점 수척해갑니다.

그래도 목소리는 여전하시더라구요. 인터뷰가 그리 논리 정연할 수가 없습니다.
문안전화 올리기도 두렵습니다.
간간이 강인숙 교수님과 안부를 주고받았습니다.
드디어 조마조마하던 순간이 옵니다.

내가 없는 세상

지난 2022년 2월 26일 선생님께서 머나먼 하늘여행을 떠나셨습니다.
영정 앞에 서니 가슴이 미어집니다.
명색이 의사인데 국보(國寶) 같은 지성을 백수까지 모셨어야 하는데….
강인숙 교수님의 한마디가 가슴을 울립니다.
"곱게 가셨어요."

지난주 초인가, 선생님을 오랫동안 곁에서 모셨던 박용국 선생이 참으로 놀라운 영상을 보내줍니다.
'내가 없는 세상'의 예고편입니다.
재작년 스페인 식당에서 말씀하셨던, 바로 그 영상입니다. 2,500분에 걸쳐 녹화를 한 것입니다.
2년에 걸쳐 무려 40시간 넘게 촬영을 했답니다.

아내와 함께 주말에 본방송으로 방영된 기록영화 '이어령 교수의 내가 없는 세상'을 봅니다.
한복을 곱게 입고 영원한 이별 인사를 합니다.
"헤어지는 인사말 제대로 해야겠습니다."
"잘 있으세요! 여러분들 잘 있어요!"
카랑카랑한 목소리 그대로입니다.
이 장면을 보면서 아내와 함께 흐르는 눈물을 가눌 수가 없습니다.
돌이켜봅니다.
진실로 선생님은 '무서운 지성(知性)'입니다.
계획대로 철저히 죽음을 준비하신 겁니다.
그리고 가장 아름다운 죽음을 남기셨습니다.
선생님! 그토록 애타게 소원하시던 벼랑 끝에서 날아오르는 날이 곧 올 거예요.
선생님! 우리 백성들 모두가 '소원 시(所願詩)' 마지막 구절을 가슴에 담았으면 참 좋겠습니다.
선생님의 소원 시는 백성들에게 들려주는 절규인 것을 우리는 압니다.

『"날자, 날자. 한 번만 더 날아보자꾸나!"
어느 소설의 마지막 대목처럼 지금 우리가 외치는 이 소원을 들어주소서!

은빛 날개를 펴고 새해의 눈부신 하늘로 일제히 날아오르는 경쾌한 비상의 시작!
벼랑 끝에서 날게 하소서.』

선생님께서 그리 걱정하시던 벼랑 끝 세상이 바뀌었습니다.
우리 백성들 날아오를 거예요. 꼭요!
화면으로 보여주신 선생님의 작별에 저도 눈물의 인사를 올립니다.
선생님! 안녕히 가십시오. (2022. 4)

이어령(李御寧, 1934~2022) | 이화여대 교수와 석좌교수. 문학평론가, 시인, 소설가, 언론인, 초대 문화부장관 등을 지낸 우리 시대를 이끈 지성이다. 20대에 쓴 《흙 속에 저 바람 속에》는 7개 국어로 번역되는 등 당대 최고의 베스트셀러였으며, 50대에 발표한 《축소지향의 일본인》은 일본인도 인정한 일본 문명 분석서로 관심을 모았다. 대표 저서 《지성에서 영성으로》, 《디지로그》, 《젊음의 탄생》, 《신한국인》, 《이어령 전집》 등. 홍진기 창조인상(2020), 금관문화훈장(2021) 수훈.

그날이 오면

김신권 한독약품 명예회장 이야기

20년 전으로 타임머신을 탑니다.

소련의 붕괴, 동구권의 몰락, 한·중 수교가 물밑으로 진행 중이던 1990년으로 기억됩니다.

이 나라 굴지의 제약회사 중역인 친구로부터 회사의 어른을 모시고 오겠답니다. 친구의 말이 더 가슴에 다가옵니다.

직원이어서가 아니랍니다. 녹을 받아서가 아니랍니다. 누가 뭐래도 이 나라 최고의 오너 경영인이랍니다.

"늘 멘토로 생각한답니다."

"오래 사시게 해야 한답니다."

자네, 높아지더니 아부도 늘었어!

걱정 마라, 이 친구야! 우리 병원 원장쯤으로 모실게!

VIP 신드롬

평소 공식석상에서 마주치면 누가 보아도 칠순의 노인으로 믿기 어려운, 당당하던 모습의 회장이 아닙니다. 우수가 깃든, 너무나 풀죽은 모습에 왠지 신경이 쓰입니다.

며칠 전 포도주 색깔의 혈뇨를 누었답니다. 그렇다고 소변이 불편하지도 어디 아픈 데도 없답니다. 의사와 이웃사촌인 제약인이어 선지, 들은풍월이 있어서인지 대뜸 엉뚱한 말을 던집니다.

"권 교수! 이거 암이지요?"

일부러 농담을 합니다. "암이 아무한테나 오나요!"

"회장님! 그런 생각 하면 재수 옴 붙어요!" 굳어진 얼굴이 풀립니다. 직업적인 질문을 던집니다. "혈뇨는 이번이 처음이세요?"

"사실 작년에 해외에서… 아니…."

이분은 그 흔한 '해외에서'라는 말을 하면서 우물쭈물합니다. 하여간 작년에도 혈뇨를 한번 본 적이 있답니다.

서둘러 몇 가지 검사를 진행합니다. 바로 찍은 초음파 사진상 방광의 오른쪽 벽에 기분 나쁜 음영이 보입니다. 곧바로 입원을 하고 일사천리로 검사를 합니다. 일부러 촬영시스템이 설치된 수술실에서 내시경검사를 합니다.

방송용 카메라가 방광 내부를 TV 화면으로 선명하게 보여줍니다. 각고의 노력으로 이 나라에선 처음으로 설치한 촬영중계시스템입니다. 방광 오른쪽 벽에 땅콩만한 종양이 있고 주위에 콩알만한 2개의 작은 암종이 보입니다.
생검용 집게로 조직을 몇 개 떼어냅니다. 바로 암세포의 악성도(惡性度)를 알기 위해서입니다. 모든 장면이 녹화가 됩니다.
전이 여부를 확인하기 위해 온갖 검사를 시행합니다.
다행히 주위 조직으로 전이된 소견은 아무리 뒤져도 보이지 않습니다. 암의 치료와 예후에 있어 전이가 있고 없음은 천국과 지옥으로 생각하면 되지요.
외래에서 환자와 가족 그리고 최측근 임원들과 X-선 필름, CT 사진을 걸고 간단히 설명회를 엽니다.
의학지식이 빠삭한 제약회사 총수이니 모든 것을 직설적으로 설명합니다. 백문이 불여일견이니 녹화 필름을 보여 드립니다. 오줌통 내부와 종양이 선명하게 보입니다. 생전 처음 보는 방광암의 생생한 녹화 장면에 모두 넋을 잃습니다.
모든 검사 결과를 검토한 결과 전이의 흔적이 없는 아주 초기의 방광암이니 지레 겁먹지 말라고 위로합니다.
"이 시기에 발견된 건 하나님이 도와주신 거예요!"
잔뜩 굳어진 얼굴이 금방 환해집니다.
조금 더 구체적으로 설명을 덧붙입니다.
다행히도 초기 암이기 때문에 절대 째지 않고 내시경 레이저로 수술을 할 것입니다. 수술 시간은 20~30분이면 되고, 경과가 좋으면

2일 후 퇴원할 수 있습니다.

일부러 자신만만하게 브리핑을 합니다.

모두들 잔뜩 겁먹은 터에 너무나 간단한 치료 계획을 듣고 오히려 의아해합니다.

확신을 주기 위해 방광암에 대한 레이저 치료 장면을 비디오로 보여드립니다.

잔뜩 겁에 질려 있다가 레이저 광선이 방광암 조직을 신나게 태워 버리는 모습에 놀라면서도 긴 안도의 숨들을 쉽니다. 비로소 환자의 얼굴에도 자신감이 흐릅니다. 충분한 설명과 선명한 동영상은 모두에게 신뢰와 안도감을 줍니다.

환자의 사회적 지위, 인품, 친구의 간곡한 부탁 등, 모두가 VIP 신드롬(귀빈 증후군)에 걸리기 '딱'인 조건들이다 보니 수술 팀에게 각별히 조심하라고 다그칩니다.

환자가 너무 높은 분이거나 꼭 잘해드려야 한다는 중압감이 커지면 판단이 흐려지고 예기치 않던 사고가 따라오기 쉬운 법입니다. 칼잡이 의사라면 연례적으로 치르는 홍역이지요.

무사히 수술이 끝납니다. 세월이 좋아져서 '암' 자 붙은 병명에 기절초풍하던 분이 꿰맨 자리 하나 없이 수술이 끝나고 모레쯤 집에 가셔도 좋다는 말에 어리둥절해합니다.

"정말 치료를 다한 거예요?"

"그럼요 나중에 수술 장면 보여드릴게요!"

"아냐 아냐! 됐어요!"
애들처럼 활짝 웃는 모습이 너무나 보기 좋습니다.

새벽기도 40년

다음날, 저녁 회진을 하는데 환자가 이상한 행동을 합니다. 갑자기 보호자를 다 내보내더니 저에게 눈짓을 합니다. 저도 수행하던 의사들에게 나가 달라는 신호를 보냅니다.
이 어른 문 쪽으로 가 손수 병실 문까지 잠급니다.
침대 쪽으로 저를 부르더니 제 손을 잡습니다. 행여 누가 들을까봐 귓속말하듯 작은 소리로 말을 하는데 그 표정이 너무나 진지하고 엄숙해서 제가 오히려 주눅이 듭니다. 당시로서는 새가 들어도 쥐가 들어도 안 될 머리털이 빳빳이 서는 이야기가 이어집니다.
자기는 절대 빨리 죽으면 안 된답니다.
단순히 늙은이의 욕심이 아니랍니다.
가는 목소리지만 큰 울림이 되어 가슴에 전해져 옵니다.
작년에 어렵게 외국에서 북한에 두고 왔던 아들을 만났답니다.
동구권이 무너지고 나서 아들을 찾기 위해 아무도 모르게 무진 애를 썼답니다. 부부의 기도 제목은 늘 북에 두고 온 아들이었답니다.
다행히 재외동포 방문단으로 북한에 가는 캐나다 교포를 통해 아들의 생존을 백방으로 수소문했답니다.

용케도 살아 있더랍니다. 그 소식을 들은 아내는 몸부림치며 울었답니다.

'절대 비밀'이란 말이 중간중간 이어지고 지극히 우회적인 표현이 계속됩니다.

이 신앙인의 애절한 기도가 하늘에 닿았는지? 아들을 위해 아낌없이 쏟아부은 달러가 위력을 발휘했는지? 상상도 못할 기적을 이루어냅니다.

1989년 어느 날, 회장 부부는 북쪽 요원들의 호위 아래 몽매에 그리던 아들을 만납니다.

비록 타국땅에서 잠깐이었지만 말입니다.

새벽기도 40년에 대한 하늘의 응답이었습니다.

어느덧 나이 40을 훌쩍 넘긴 중년이 되었더랍니다.

결론은 바로 이것입니다.

"저 녀석과 한지붕 밑에 살 때까지는 우리 내외가 무조건 살아남아야겠다."

"저 녀석을 북쪽에 놔두고는 우리 내외가 먼저 눈을 감을 수 없다."

꼭 잡은 제 손등 위로 따뜻한 물방울이 떨어집니다.

해방 직후 아버지의 등에 업혀 38선을 넘었던 저도 이 어른의 이야기를 들으며 눈가에 방울이 맺힙니다.

소곤대던 대화를 깨고 일부러 밖에서도 들릴 만큼 큰소리로 외쳐댑니다.

"회장님! 완치는 제가 책임집니다."

"정말임네까?"

"기럼요. 문제없습네다!"

일부러 평안도 사투리로 대답합니다.

암 환자에게 주책없이 완치를 자신하다니?

잠깐이지만 은근히 켕깁니다.

퇴원 후 6회에 걸쳐 결핵예방주사액(BCG)으로 방광 세척을 합니다. 신통하게도 BCG는 초기 방광암의 재발을 막는 데는 으뜸이지요!

3개월마다 꼬박꼬박 재발 여부를 체크해 나갑니다.

오랜 세월 암 환자와 전투를 벌이면서 느낀 게 하나 있습니다.

암 치료에 있어 귀신 같은 수술, 최신의 항암제, 강력한 방사선 치료만이 다가 아닙니다. 사실은 환자의 완치에 대한 신념과 낙천적 사고가 절대적이지요. 그래서 불안에 떠는 환자의 마음을 꽉 잡아주는 게 의사의 가장 큰 덕목(德目)입니다.

아버지로서의 절규를 들으면서 이 어른만큼은 꼭 지켜 내자고 다짐을 합니다.

세월이 가고 임의로워지면서 숨겨왔던 이야기들이 조금씩 베일을 벗습니다.

6·25 전쟁 발발 직전이랍니다. 북쪽은 아예 사람 살 곳이 못 되더

랍니다. 어린 아들을 이모에게 맡기고 부부가 비밀루트를 따라 38선을 넘어 서울로 왔답니다. 삶의 터전을 마련하기 위한 사전답사였답니다. 청천벽력입니다. 하필이면 그동안에 전쟁이 터집니다. 금쪽같은 아들과의 영원한 이별이었답니다.

아주 다행한 것은 북에 남겨진 그 아들이 머리가 비상해서 무슨 국책연구소의 연구원이 되었고 꽤 괜찮은 지위까지 오릅니다.

이질적인 체제 속에서 살아온 아들의 모습을 보며 모든 게 못난 애비의 잘못 때문이라는 죄책감에 흐르는 눈물을 멈출 수가 없었답니다.

1994년 여름, 북쪽의 1대 수령이 갑니다.
더 지독한 수령이 대를 잇습니다.
수술한 지 5년이 지났으니 재발의 걱정도 사라질 즈음인 1995년 가을인가, 오랜만에 운동을 하는데 그 활달하던 어른의 얼굴에 수심이 가득합니다. 덜컥 걱정이 됩니다.
어! 재발한 것 아냐?
다행히 재발한 건 아니더라고요! 위대한 수령이 갔으니 세상이 곧 바뀌고 아들을 만날 줄 알았답니다. 그런데 그게 아닙니다. 문이 꽉 닫히고 희망이 절망으로 바뀝니다.
망연해하는 모습이 너무나 측은해 보이고 남의 일 같지 않습니다.

작은 거인(巨人)

이 어른 이야기를 좀 풀어 봅니다.

바로 한독약품을 창업한 제석(濟石) 김신권 회장의 이야기입니다.

종양학 하는 의사의 보람 중 하나는 암이 완치될 무렵이 되면 환자와 '절친'이 된다는 사실입니다. 마치 전투를 같이 치른 전우와 같은 사이가 되지요.

몇 년을 주기적으로 만나다 보니 당신의 삶에 대해, 가족에 대해, 창업에 대해 참 많은 이야기를 듣게 됩니다.

늘 놀라고 감탄하고, 감동하였지요.

경제개발 5개년계획, 자동차, 조선, IT 등이 기지개도 켜기 전에 이분은 경제계의 전설을 씁니다.

요즘 세대들은 1957년 서울을 상상이나 하겠습니까? 혹독한 전쟁을 치른 후 겨우 4년이 지났을 무렵이니 폐허, 황량, 굶주림이 서울의 트레이드 마크입니다.

비정규 고등보통학교를 중퇴한, 밑천이라고는 어렵게 취득한 약종상 면허증 한 장을 든 30대 청년이 세계 최대 제약기업인 독일 훽스트사와 기술 제휴에 덤벼듭니다.

당신의 표현이 딱입니다. 간땡이가 부어도 무지무지 부은 것이지요.

서울이 완전 폐허였던 1957년 말, 독일을 향해 '인디아나 존스'와 같은 모험을 떠납니다. 우리나라 국적기도 없을 때입니다.

당시는 청사도 없는 여의도 공항을 떠나 도쿄로 가서 비행기를 갈아타고 홍콩으로, 다시 필리핀 마닐라로, 또 태국 방콕으로 갑니다. 끔찍합니다. 다시 인도 델리까지, 그리고 중동의 바그다드, 프랑스 파리를 거쳐 비로소 독일의 프랑크푸르트로 날아갔답니다. 일주일이 넘는, 머나먼 출장길이었답니다.

YMCA에서 순전히 독학으로 배운 콩글리시(한국식 영어) 실력으로 콧대 높은 독일 떡대들에게 손짓발짓 다 동원해서 사업의 가능성에 대해 설명합니다. 콧방귀도 뀌지 않더랍니다. 무려 40일간을 매일 본사로 출근해서 그야말로 죽기 아니면 까무러치기로 설득하고 또 설득합니다.

"당신들도 전쟁을 겪었잖아!"

"전후에 제약산업이 얼마나 필요할지 알 거 아냐!"

눈물의 호소를 합니다.

백번쯤 찍어댔더니, 너무나 지겨워서인지 거목들이 넘어가더랍니다.

MOU인지 뭔지, 하여간 계약을 맺었답니다.

평안도 사나이라 그런지 오기가 쇠심줄입니다.

귀국하자마자 동분서주, 좌충우돌하며 자금을 모아 공장 부지를 마련합니다. 지금의 중랑구 상봉동에 이 나라 최초의 현대식 제약 공장을 세웁니다.

간땡이가 부어서인지 주위의 배 아픈 동업자들이 호텔 같다고 비아냥거릴 정도로 최고 최신의 시설을 갖춘 공장을 짓습니다.
겉보기와 달리 제품에 대한 욕심은 놀부가 따로 없습니다. 내가 만든 약은 무조건 최고로 잘 듣고 안전해야 직성이 풀린답니다.
그 유명한 소화제 훼스탈, 항생제 호스타실린, 진통제 바랄긴 같은 약들이 쏟아져 나옵니다.
병원과 약국을 휩쓸었지요. 직사하게 고생했더니 단비가 내리더랍니다.
몇 달짜리 어음도 감지덕지하던 시절, 돈을 먼저 받아야 약을 주었다며 박장대소하는 모습이 꼭 어린아이 같습니다.
전생에 인연인지 초창기 이 회사의 생산기술 고문이었던 야네첵(W. Von Janecek) 씨를 환자로 만나 평생 친구가 되었고 언젠가 이 칼럼에 그와의 우정을 쓴 적이 있습니다.
이 친구, 제가 수술한 적이 있어 비교적 정확한 몸매를 압니다. 키 195cm! 몸무게 120kg! 진짜 거구의 사나이입니다. 이 독일 떡대는 회장님 이야기만 나오면 입에 거품을 뭅니다. 무조건 엄지척입니다.
당신의 CEO가 왜 그리 대단하냐?
대답이 걸작입니다. 자기보다 키는 30cm 더 작고 몸무게는 반밖에 안 되는데 경영능력, 추진력, 사업목표는 늘 자기보다 수십 배 크답니다. 본사에서도 이분은 트러스트(trust, 신용)의 상징으로 인정한답니다. 그래서 자기가 나름대로 별명을 지었는데 '리틀 자이언트(Little Giant : 작은 거인)'랍니다.
1970년대 초, 우래옥에서 불고기와 소주를 들며 나눈 이야기인데 지금 와서 생각하니 딱 맞는 작명입니다.
당신은 진실로 이 나라 경제계의 거인입니다.

눈물 젖은 베갯잇

다시 아드님 이야기를 합니다.
아들을 마지막으로 만난 지 10년쯤 지나서입니다. 햇빛이라는 단어가 난무하고, 탈북자가 줄을 섭니다. 북한강이 내려다보이는 어느 골프장의 식당에서 맥주를 마십니다. 가슴속 깊이 간직했던 이야기들이 흘러나옵니다. 처음 아들의 생존을 확인하고 만감이 교차했답니다.
제일 먼저 아내를 생각했답니다.
아들과 헤어진 지 40년!
잠 못 이룬 밤이 무릇 기하인지?
눈물로 적신 베갯잇이 얼마인지?
설날, 추석, 성탄절이면 웃는 얼굴 뒤에 숨겨진 슬픔을 누가 알는지?
석양에 비친 강물을 바라보는 그의 눈가가 젖습니다.

남쪽에 와서 낳은 아이들이 시집, 장가를 가고 손주들이 늘어나고, 사업이 번창하고 생활은 풍족했지만 늘 가슴 한쪽이 텅 빈 듯하였답니다. 더구나 좋은 일이 있을 때마다 두고 온 자식이 떠오른답니다. 아들네 식구만 다 데려올 수 있다면 지금 죽어도 여한이 없겠답니다.

아버지의 혼이 담긴 이야기가 이어집니다.

아들을 만나고 나서 묘하게도 생애 최고의 성취감을 느꼈답니다.

상봉동 벌판에 새 공장 준공 때보다 훨씬 더 했답니다.

아들과의 만남을 제2의 창업쯤으로 여긴 모양입니다.

하늘도 모르게 땅도 모르게 쥐도 모르게 새도 모르게 동토(凍土)의 왕국에서 잠시나마 아들을 만난 집요한 자식 사랑을 존경하지 않을 수가 없습니다.

진정 위대한 아버지였습니다.

식사가 끝날 무렵 그의 사전에는 포기라는 단어가 없는 분인데, 하는 말이 심상치 않습니다.

저 녀석 데려오기는 글렀어, 높아진 지위, 장성한 자식들하며, 도저히 불가능하다며 장탄식을 합니다.

그후로 아드님에 대한 이야기는 일체 입에 담지를 않습니다.

불행하게도 2년 전 부인께서 먼저 소천을 합니다.

상가의 별실에서 마주합니다. 투박한 평안도 사투리가 나옵니다.

"저 사람 말이야! 결국 기 녀석 못 만나고 갔어!"

너무나 안타깝습니다.

평생 기도 제목이었던 그 아들을 못 보시고 떠난 것입니다.

그러고 나서 2년이 지난 2014년 봄날, 작은 거인께서도 먼 하늘 여행을 떠났습니다.

몽매에도 그리던 북에 두고 온 자식을 데려오지 못한 채 눈을 감으셨습니다.

지독한 아버지의 사랑! 잊을 수가 없습니다.

진정 아버지의 전설입니다. (2014. 4)

김신권(金信權, 1922~2014) | ㈜한독 명예회장. 1922년 평안북도 의주에서 태어나 20세에 중국 만주에서 약방을 개업하고 1954년 한독약품(옛 연합약품)을 창업, 회장과 명예회장, 한독 명예회장을 역임했다. 세계적 제약사 독일 훽스트와 기술제휴(1957)와 합작(1964)을 맺으며 글로벌 비즈니스를 시작했다. 1964년 의약학 전문 박물관인 한독의약박물관을 설립했고, 아호를 딴 한독제석재단을 세워 문화·장학사업 등 사회에 기여했다. 독일 십자대훈장, 국민훈장 모란장, 문화훈장 보관장 등 수훈.

4부
이런 사랑도 있었네

월남에서, 중동에서, 원양어선에서 흘린
아버지들의 땀, 아버지들의 피,
아버지들의 눈물이 한강의 기적을 이룬 것입니다.
그런데 말입니다.
아무도 기억하지를 않습니다.
아무도 믿지를 않습니다.
아무도 기록하지를 않습니다.

하얀 와이셔츠에 넥타이

어머니가 큰절을 합니다. 아들을 사람 만들어 주셔서 너무나 고맙답니다. 저도 한마디 합니다.
"아드님 같은 효자를 본 적이 없습니다."

패션도 세월 따라 유행이 있듯, 의료계에도 유행이 있습니다.
비뇨의학계를 돌이켜봅니다.
1960~70년대 비뇨기과 개원의들의 진료 대상은 주로 성병이었고, 명색이 칼잡이 의사들인데 수술이라야 고작 고래잡이나 정관수술이 다였습니다.
남성 생식기의 귀두를 덮고 있는 포피를 제거하는 포경(包莖)수술은 같은 발음의 한자, 포경(捕鯨)을 따와서 '고래잡이'라는 은어로 불렸지요.
아이들끼리는 '깐자'라고 부르며 킬킬댔지요.
원래 의학적으로는 환상절제술(環狀切除術)이라는 전문용어를 씁니다.

대학병원에서야 가장 단순한 수술이다 보니 전공의들의 몫이고 절제와 봉합이라는 수술의 기본기를 연마하는 교재 역할을 톡톡히 하기도 했습니다.

유대교나 이슬람에서는 '할례(割禮)'라는 종교적 의식으로, 일부 토착민들은 성인식의 하나로 시술을 해왔습니다. 의학적으로는 포피 안에 생기는 때의 일종인 치구(恥垢)에 의한 냄새와 감염 예방을 위한 수술이었지요. 귀두를 덮고 있는 포피 안에는 분비물이 때처럼 쌓이는데 이를 치구라고 불러요. 부끄러운 때라는 뜻이지요. 의학적으로 성병이 만연하던 시절, 이 치구가 염증의 병소 역할을 하게 됩니다. 뿐만 아니라 여성의 자궁경부암도 이 치구가 원인이라는 연구들이 나오면서 포경수술이 유행을 타게 됩니다.

이왕이면 사춘기 전에 포피를 제거하자는 게 의료계의 정설이었지요. 어려서 포경수술을 하면 귀두의 성장에 도움이 될 거라는 부모들의 막연한 희망으로 아이들을 못살게 굴었습니다.

돌이켜봅니다.

그 이전이야 말할 것도 없고 60~70년대만 해도 한 달에 한 번 공중목욕탕 가기도 힘든 시절이었지요. 위생상태가 좋을 리 없습니다. 요즘처럼 집집마다의 목욕시설은 언감생심 꿈도 못 꾸던 시절이었습니다.

지식수준이 높고, 형편이 나은 집 부모들은 너도나도 아이들을 끌고 비뇨기과로 몰려갔습니다. 마치 포경수술을 부모의 의무처럼 생각했지요.

고래잡이에 대한 웃지 못할 에피소드를 씁니다.

에피소드 1 : 몰래 수술

의과대학 본과 3~4학년이 되면 임상 각 과에 실습을 나가게 됩니다.

실습생들 눈에 3~4년차 각 과의 고참 전공의들은 상전이 따로 없습니다. 실습 점수도 그들이 매기거든요. 군대 선임하사 저리 가라입니다.

대여섯 명의 실습생들 앞에서 비뇨기과 치프 레지던트(수석전공의)가 포경수술에 대한 임상강의를 합니다. 어른이 되려면 고래잡이를 반드시 해야 하는 수술이라고 엄포를 놓습니다. 결론은 정해져 있습니다.

"아직 고래잡이 안한 사람 손 들어!"

"비뇨기과 실습 온 김에 고래잡이나 하고 가!"

금요일 밤 7시쯤 하얀 가운을 걸친 3~4명의 실습생들이 잔뜩 겁에 질려 깜깜한 복도를 지나 외래 수술실에 집합합니다.

초짜 전공의들에겐 가장 기다리는 순간입니다.

집도자인 고참 레지던트가 잉크로 그려준 절개선을 따라 절제를 하고, 봉합 과정을 조금씩 조금씩 맡깁니다.

칼 잡고 싶어 안달이던 1~2년차 레지던트들에겐 여간 신나는 일이 아니었지요. 비뇨기과 의사로서 첫 집도는 고래잡이로부터 시작하는 게 관례였지요.

은연중에 소문이 나서인지 단체수술이 끝나면 으레 실습생, 아니 환자들의 대표가 갹출한 수술비가 든 봉투를 치프에게 슬쩍 전합니다.

봉투가 제법 두둑합니다.

경제는 어디에나 존재합니다. 일종의 암거래인 실습생들의 몰래 수술비는 병원 수가의 절반으로 에누리됩니다.

학생들은 부모에게 너스레를 떨어 다 받아냅니다. 귀한 아들의 고추 수술비를 깎을 부모가 어디 있겠어요?

꿰맨 실밥 제거하는 날, 고래잡이 동기생들은 병원 앞 포장마차에서 성인식 기념 파티를 엽니다. 술값은 부모로부터 삥땅한 수술비입니다.

집도자인 치프에게는 '몰래 수술비'가 과(科) 살림의 비자금이 됩니다.

밥때를 거르며 늦게 수술이 끝나면 교수님, 전공의들에게 짜장면, 탕수육 정도는 대접해야 하는 게 유능한(?) 치프거든요.

치프가 갚아야 할 짱깨집 외상값이 천정부지로 쌓여갑니다.

몰래 수술비는 이 외상값 갚는 데 요긴하게 쓰여집니다.

병원 당국으로 보면 분명 횡령이고 암거래인데 말입니다.

이것 역시 누이 좋고 매부도 좋은 시장경제입니다.
몰래 수술비로 치프가 사주는 탕수육은 꿀맛 그 자체였습니다.
세월이 많이 흘렀습니다.
그때 그 시절 고래잡이 수술을 받은 제자들이 어느덧 칠십 줄에 들어섰지요. 어쩌다 술자리에서 만나면 저에게 이실직고합니다.
50여 년 전, 선생님의 고래잡이 수술이 워낙 신통해서 아들만 둘을 낳았는데 다 의사가 되었답니다. 모두 선생님 덕분이랍니다.
오늘 저녁 술값은 수술 턱으로 자기가 낸답니다. 주객들이 박장대소를 합니다.
'아! 옛날이여!'입니다.

에피소드 2 : 스카우트 전쟁

1970년대 중반쯤 되려나? 올챙이 훈장인 연세의대 조교수 시절입니다.
어느 날 미생물학 교수인 절친이 환자를 데려옵니다. 집안의 조카라네요.
우리 대학의 유명인사랍니다.
'낯익은 학생인데 유명인사라니!'
맞는 말입니다. 작년에 연세대학교 응원단장을 지낸 친구입니다.
매년 10월이면 영원한 라이벌인 연세대와 고려대의 정기전이 열립니다. 바로 연고전(延高戰)입니다. 지금은 격년으로 고연전(高延戰)으로 부릅니다. 한 세기 가까운 역사를 가진 체육대회이지요.
학운(學運)을 걸고 야구, 축구, 농구, 럭비, 아이스하키 다섯 종목에 걸쳐 맞상대를 합니다. 종목별 승패에 따라 승부가 갈립니다.
연고전의 백미는 경기 자체보다 응원전입니다.
화려한 복장을 한 치어리더들의 현란한 춤과 우렁찬 구호는 경기장을 압도합니다. 응원 열기로 경기장이 뒤집어집니다.
학생들에게는 모교에 대한 애교심과 긍지를 심어주는 행사입니다.
이 요란벅적한 응원전을 지휘하는 응원단장 출신이니 학교에서는 유명인사이지요. 더구나 이 친구의 응원 덕분인지 지난해에는 3종목에서 승리를 거두었거든요.
늘씬한 키, 준수한 용모, 온몸에 풍기는 재치, 타짜 응원단장이더라구요.
고래잡이를 해달랍니다. 그러고 보니 작년 스카우트 선수들 단체로 고래잡이를 할 때 인솔했던 친구더라구요.
'어쩐지 낯이 익더라니!'
총학생회의 최고위급 간부랍니다. 학생회 예산도 제일 많은 곳이 응원단이랍니다. 유명인사 소리를 들을 만합니다.
요즘 함께 샤워를 하면서 보니 애네들 고추가 진짜 어른 같더랍니다. 자기도 해야겠답니다. 이왕이면 근사(?)하게 만들어 달랍니다.

우선 단장이 데리고 왔던 집단 고래잡이 이야기부터 합니다.

이게 아주 웃기는 사건이거든요.

매년 연고전 종목의 우수한 고3짜리 선수들은 장학금에 웃돈까지 얹어주면서 체육 특기생으로 뽑아놓았는데, 다른 대학이나 실업팀이 오만가지 감언이설로 자꾸 빼앗아 간답니다.

학교 체육진흥회 회장인 외과 교수님이 기발한 아이디어를 냅니다.

여섯 명의 특기생들을 스카우트 마감일까지 강제로 입원을 시킵니다.

입원실 앞에는 태권도, 유도부 선배들이 야구방망이를 들고 경비까지 섭니다.

운동으로 단련된 고3짜리 선수를 입원까지 시킬 병명이 없잖아요.

입원장에 기록된 병명이 '감돈포경(嵌頓包莖 : 귀두가 부을 정도로 심한 포경)'입니다.

고래잡이를 반드시 해야 할 병이다, 이거지요. 배꼽을 잡습니다.

농구선수로 발탁된 학생들은 고3 나이에 벌써 신장이 2m에 가깝습니다. 눕혀 놓으니 무릎 아래가 수술대 밖으로 나옵니다.

멀쩡한 여섯 명의 선수들이 타의에 의해 차례로 고래잡이 수술을 받는 해프닝이 벌어집니다. 일주일간 입원까지 하면서 말입니다.

그야말로 칙사대접입니다. 체육진흥회 회장님의 지엄한 명령입니다. 비싼 아이들이니 권 교수가 직접 하랍니다. 졸지에 고래잡이 선장이 됩니다. 그것도 외래가 아닌 본관 수술실에서 집도를 합니다.
가장 건강한 떡대 선수들의 고래잡이 단체 수술이었지요.
역시 '아! 옛날이여!'입니다.
기네스북에 올릴 희극입니다.

에피소드 3 : 미니스커트 유죄

다시 응원단장으로 돌아갑니다.
절친의 집안이고 유명인사(?)이니 명색이 교수인 제가 직접 집도를 합니다.
약간의 기교를 부려 모양새를 예쁘게(?) 멋을 부립니다. 아래를 내려다본 환자도 입이 째집니다. 이제서야 어른이 된 기분이랍니다.
호사다마입니다. 가는 날이 장날입니다.
퇴근 무렵 이 유명한 학생을 데려왔던 친구가 다급한 전화를 합니다. 큰일났답니다. 오전에 집도한 조카 녀석의 고추에서 출혈이 말이 아니랍니다. 지금 병원으로 데려가고 있답니다.
걱정 말라고 큰소리를 칩니다.
환자는 겁에 질려 사색입니다. 응급실 수술대에 눕히고 바지를 내립니다. 팬티가 피범벅입니다.
상처를 씻고 자세히 보니 꿰맨 실밥 두어 개가 틀어져 있더라구요.

몇 바늘 봉합하니 출혈도 멎고 말짱해집니다. 사연을 듣고 데려온 친구와 함께 박장대소를 합니다.
사실 아랫동네가 피투성이가 되면 항우장사라도 기절초풍하지요.
사연인즉…
그날 오후, 연고전 농구 경기가 장충체육관에서 열렸는데 선배 응원단장들을 초대했답니다. 수술받고 얌전히 쉬려는데 좀이 쑤시더랍니다. 어기적거리며 갔는데 귀빈석으로 모시더랍니다.
뒷줄에는 화려한 응원복을 입은 여학생들이 연세대학교 응원구호인 '아카라카치 아카라카초'를 외치며 춤을 춥니다.
문제는 이 치어걸들의 치마가 너무나 짧은 미니스커트였다는 사실입니다. 귀빈석에서 올려다보면 춤추는 여학생들의 속옷이 훤히 다 보이더랍니다.
'자꾸만 눈이 가요. 눈이 가!'
한창 패기 발랄한 젊은이의 물건(?)이 계속 기고만장을 합니다. 수술한 지 몇 시간도 지나지 않았는데 말입니다.
다행히 농구는 아슬아슬하게 이겼답니다.
화장실을 가는데 바지가 축축하더랍니다. 이게 웬일입니까? 팬티가 온통 피투성이입니다. 젊음이 유죄이지요. 물건이 계속 성을 내다보니 꿰맨 실밥이 터진 거지요.
역시 '아! 옛날이여!'입니다.

에피소드 4 : 날쌘돌이의 꿈

격렬한 전투가 끝나면 전우애가 돈독해집니다.

고래잡이로 곤욕을 치른 단장 학생을 매일 드레싱 해주다 보니 정이 듭니다. 워낙 살가워서인지 저를 따릅니다.

운동부 학생들한테는 우상이고 졸업반이다 보니 왕초입니다.

응원연습 지도하고 선수들과 샤워를 하는데 짓궂은 선수들이 엄청 부러워하더랍니다.

"형! 물건 근사(?)하다. 그 고래잡이 어디서 했수?"

"짜샤! 세브란스병원 교수님이 직접 해준 거야!"

시도 때도 없이 고래잡이 환자를 데려옵니다.

그뿐입니까? 혈기가 넘치다 보니 홍등가 모험을 하고 나서 못된 병에 걸린 녀석들을 데려오기도 합니다.

응원단장은 선수들의 해결사더라구요. 군대까지 다녀온 복학생이니 모두가 '성님'으로 모십니다.

그해 겨울 어느 날, 아주 특별한 환자를 데려옵니다. 얼굴이 하얗고 야리야리한 친구입니다.

생김새는 귀공자인데 축구부에서는 금쪽같은 선수랍니다.

별명이 '날쌘돌이'랍니다. 운동선수답지 않게 경영학을 공부하는 데 무지 열심이랍니다.

친동생처럼 아끼는 선수랍니다. 유난히 수줍은 상과대학 3학년생입니다.

훈련이나 시합이 끝나면 소변이 붉게 나온답니다.

어느 쪽 옆구리가 결리거나 아픈 적이 있었는지? 질문을 합니다.

가끔 왼쪽 옆구리가 결릴 때가 있답니다.

콩팥, 요관, 방광을 한눈에 보여주는 조영제 촬영을 합니다.

왼쪽 신장 아랫부분에 주먹만한 낭종(囊腫 : 흔히 물혹이라고 함)이 자라고 있습니다. 의학적으로는 단순 신낭종은 별문제가 되지 않습니다. 여간해서는 손을 대지 않거든요.

문제는 물혹이 안쪽에 있는 요관을 눌러 소변이 제대로 흐르지 못해 초기의 수신증(水腎症)이 와 있더라구요.

더구나 운동선수이니 격렬한 훈련이나 태클이라도 당하면 혈뇨를 유발시키거나 낭종이 파열될 가능성이 다분하거든요.

선수에게 설명을 합니다.

훈련이나 시합 중에 제대로 차이기라도 하면 풍선 터지듯 물혹이 파열될 수 있다. 지금도 콩팥에서 소변이 제대로 흐르질 못해 왼쪽 신장이 약간의 기능 장애를 받고 있다. 아무래도 낭종절제수술을 해야 한다.

수술 자체는 아주 간단하다. 위험부담도 없다. 젊은 나이이니 몇 주 지나면 선수생활에도 지장이 없다.

이게 웬일입니까?

놀란 토끼눈이 되면서 사색이 됩니다.

갑자기 선수의 눈가가 붉어집니다. 이 착한 선수가 갑자기 단호해집니다.

지금은 죽어도 수술을 받을 수가 없답니다.

달래고 달랩니다. 운동도 운동이지만 생명이 첫째라고….

인지상정입니다.

운동선수답지 않은 야리야리한 이 젊은이를 돕고 싶습니다.

벽오동 심은 뜻이 있더라구요.

졸업반이 되는 내년에는 실업팀에 지원을 해야 된답니다. 한두 군데 은행팀에서 스카우트 제의를 해오고 있답니다.

수술 병력이 있으면 무조건 스카우트 대상에서 제외되기 십상이랍니다. 무조건 은행팀에 들어가야 한답니다.

머뭇머뭇, 젊은이의 삶이 흘러나옵니다. 응원단장이 중간중간 초를 칩니다.

아버지가 토목공사장의 작업반장이었답니다.

당시로서는 이 나라 최초 최대의 토목공사였던 소양강 다목적댐 건설 현장의 작업반장이었답니다. 몇 년째 공사장 인부들 거느리고 있었답니다. 한강을 살리고 발전까지 하는 세계적인 공사라고 자부심이 대단했답니다.

사실이 그렇습니다.

농업용수, 공업용수 다 대고 한강의 홍수를 조절하고 발전에다 관광효과까지… 그야말로 다기능 다목적댐이었지요. 금년이 소양강

댐 준공 50주년이라네요. 진실로 '한강의 기적' 시발점인 대역사였습니다.

음식 솜씨가 좋았던 어머니는 함바집(공사장 인부들을 위한 식당) 식모였답니다. 비록 공사장을 따라다니느라 학교를 자주 옮겼지만 생활은 넉넉했답니다. 마포에 작은 집도 한 채 마련했답니다.

축구를 유난히 좋아했던 아버지 덕에 쉬는 날이면 시골 학교 운동장에서 공을 차는 게 유일한 낙이었답니다.

에피소드 5 : 하얀 와이셔츠에 넥타이

장마로 공사를 쉴 때면 빗속에서도 아버지와 동생 셋이서 공을 찼답니다. 중학교에 올라가자마자 코치의 눈에 띄어 축구부에 들어갔답니다. 타고난 재주까지 있어 축구 실력이 일취월장합니다. 서울의 몇 군데 고등학교에서 스카우트 제의를 받았답니다.

학생의 재능을 간파한 서울의 어느 고등학교에서 장학금에다 교사 숙직실에서 숙식까지 제공한다는 조건으로 뽑혔답니다.

노가다 생활에 지칠 대로 지친 아버지의 반대가 이만저만이 아니었답니다.

무조건 "하얀 와이셔츠에 넥타이를 맨 은행원이 되어야 한다고 옹고집을 부리시던 아버지"도 결국 손을 듭니다.

학교 공부를 더욱 열심히 하기로 약속을 하고 허락을 받았답니다.

축구도 축구지만 학교 공부를 정말 열심히 했답니다.
첫 학기 성적표를 아버지에게 보여드렸답니다. 그리 좋아할 수 없었답니다. 축구부에서 우등생이 나왔다고….
언제나 아버지의 꿈은 '하얀 와이셔츠에 넥타이'를 맨 은행원이었답니다.
당시 화이트칼라는 반듯한 직장인의 상징이었지요.
그게 마지막입니다.
댐 공사장에서 낙반(落盤) 사고가 터집니다. 아버지가 중상을 입습니다. 1년을 못 넘기고 먼 하늘나라로 갑니다.
그렇게 역사적인 공사라고, 그리 자랑스러워하신 소양강댐의 준공도 보지 못한 채 가셨답니다.
꿈에도 그리던 장남의 명문대학 입학도 못 보고 눈을 감습니다. 선수의 눈에서 계속 눈물이 흐릅니다.
치료비야 회사에서 대주었지만, 간병하느라 함바집을 떠난 어머니의 실직, 늘어나는 생활비… 가세가 기울기 시작합니다.
다행히 성실했던 고인에 대한 예우로 건설회사가 어머니에게 함바집에 일자리를 주었답니다. 당시 개발이 한창이던 강남의 아파트 단지 공사장에서 다시 주방 일을 맡았답니다.
몸도 성치 못한 어머니가 꼭두새벽에 나가 통금시간 다되어야 퇴근하는 모습에 장남으로서 가슴이 무너진답니다.
무슨 짓을 해서라도 홀어머니는 잘 모시고 싶답니다.

우리 어머니가 너무나 불쌍하답니다. 선수의 눈에서 닭똥 같은 눈물이 흐릅니다. 말끝마다 어머니가 등장합니다. 이 어린 학생의 효성에 저도 울컥합니다.

왜냐구요? 동병상련입니다.

저도 모진 고생 다하신 홀어머니를 모시고 있었거든요.

단장 학생이 끼어듭니다.

체육특기생 중 입학성적이 가장 우수했답니다. 스카우트 조건에 경영학을 전공하고 싶다는 학생의 간절한 염원에 학교가 허락을 합니다.

주경야독이 따로 없답니다.

그 고된 훈련을 하고도 밤이면 교과서와 씨름하는 학생이랍니다.

비 오는 날은 도서관에서 살다시피 한답니다.

이 선수의 야무진 꿈을 알 것 같습니다.

좋아하는 축구를 실컷 즐기고 만년에는 은행원이 되는 그림을 그리고 있더라고요. 기특하기 그지없습니다.

얘네들 겡상도 말로 메구(여우)들이더라구요.

축구계의 현실을 꿰뚫고 있습니다. 축구에는 문외한인 저에게 금융단 축구 이야기를 합니다.

지금처럼 프로축구 리그가 없던 시절, 1960년대 후반 북한이 월드컵 8강에 진출하고 일본이 1968년 멕시코 월드컵에서 동메달을 거머쥡니다.

한국은 아시아 예선조차 탈락하다 보니 민족중흥의 기치를 내건 정부로서는 자존심이 상할 대로 상합니다.

고심 끝에 당시로서는 돈을 만지는 기업이라야 은행이 기중 낫다 보니 금융단축구협의회를 만듭니다.

농협을 비롯한 12개의 시중은행이 축구팀을 짭니다.

어쨌거나 축구선수들에겐 10년 가뭄에 단비였습니다. 공만 잘 차도 먹고살 길이 열린 것이지요.

은행원 신분으로 선수 생활을 하다 보니 또박또박 월급이 나오는데 화수분이 따로 없습니다. 잘하면 선수생활 은퇴 후에도 은행 취업이 보장됩니다. 당시로서는 선수들에겐 꿈의 직장이었지요.

듣고 보니 요즘처럼 프로리그가 없었던 시절, 날쌘돌이의 인생설계가 너무나 기특해서 꿈을 살려주고 싶었습니다.

수술을 미루기로 작심을 합니다.

그동안 혈뇨가 한두 번 있었지만 여전히 공을 잘 찹니다.

말도 안 되는 주문을 합니다.

"왼쪽 옆구리가 차일 상황은 피해라!"

죽기 살기로 뛰는 축구선수들에겐 공염불이지만 용케 버티어냅니다. 무사히 졸업반이 되고 그해 가을, 선수의 마지막 연고전에서 축구부는 승점을 따냅니다.

이미 졸업한 응원단장이 선수를 데려옵니다. 단장이 꼭 매니저 같습니다. 두 친구의 우정이 참 아름답습니다.

우리나라 국책은행의 선수, 아니 행원으로 채용된 것입니다.

날쌘돌이의 꿈이 이루어진 것입니다.

실업팀들의 경기는 대학과는 다릅니다.

소속 기업의 명예를 걸고 경기를 하다 보니 죽기 살기로 치고 달려야 한답니다. 밥줄이 걸렸잖아요.

격렬한 경기를 한 달에 서너 번씩 뛰어야 합니다.

축구부 입단 전에 수술하라는 축구팀 감독의 허락이 있었답니다.

응원단장이 끼어듭니다.

선수선발위원회에서 갑론을박이 있었답니다.

콩팥 낭종이란 병명에 모두들 부정적이었답니다. 제가 작성한 진단서가 큰 힘이 되었답니다. '간단한 수술이며 선수 생활에 지장이 없을 것으로 사료됨'이라는 문구가 심사위원들을 움직였답니다.

경영학을 전공한데다 축구선수치고는 학교 성적이 너무나 좋았던 것도 가산점이 되었답니다.

졸업을 앞둔 겨울방학 동안 수술을 합니다.

수술 전 은행축구단 감독이 찾아옵니다. 우선 우리 대학 선수를 뽑아주어 고맙다고 인사를 합니다. '꼭 필요한 선수인데 수술해도 운동에 지장이 없겠냐?'고 걱정을 합니다.

칼잡이 의사가 해선 안 될 단언을 합니다.

운동에 절대 지장이 안 되도록 하겠다고 큰소리를 칩니다.

해병대 기질이 남아서인 모양입니다.

정성을 들여 수술을 합니다. 근육절단을 피하고 벌려가면서 최소한의 절개로 낭종을 절제합니다.
워낙 튼튼한 젊은이이다 보니 3~4일 만에 회복이 되고 10일 만에 퇴원을 합니다.
환자의 병실을 드나들면서 놀란 게 하나 있습니다.
응원단장과 선수의 우정입니다. 매일 문병을 오고 간식을 들고 옵니다. 친형이 따로 없지요. 단장이 덧붙입니다.
저 녀석 진짜 효자랍니다. 어머니가 놀라실까 봐 전지훈련 간다고 둘러대고 비밀리에 수술을 받았답니다.

에피소드 6 : 유심(有心)한 하늘

이심전심입니다. 응원단장이 걱정을 합니다.
이 나라의 직업 선수들이라면 넘어야 할 태산이 있습니다.
바로 병역 문제이지요.
하늘이 이 효자를 어여삐 보았나 봐요.
제가 누구입니까?
저의 군의관 생활 마지막 보직이 중앙병무청이었습니다. 의사와는 별종인 해외 파견군 전문의들을 관리하는 직책을 2년 가까이 수행했었거든요.
서당 개 3년이면 풍월하잖아요.

의사에겐 필요도 없는 병역법이나 신체검사 기준을 터득하게 됩니다.
이왕 도울 거면 끝까지 돕기로 합니다.
병사용 진단서를 발행합니다.
효자 선수를 돕고자 하는 저의 의중이 병역 불가 쪽으로 기웁니다.
X선 필름과 검사 소견을 사진까지 덧붙이고 꿰맨 수술 장면을 사진까지 찍어 첨부합니다.
신체검사 판정관들도 의사입니다. 그들의 심정을 알거든요.
분명한 병력 자료가 첨부되면 판정이 쉽고 시비 걸 사람도 없습니다.
병무 부정이 만연하던 시절 중앙정보부, 보안사, 경찰 등 사찰기관 감시의 눈이 번득일 때입니다.
하늘이 돕습니다.
날쌘돌이가 병역면제 판정을 받아 옵니다.
국책은행의 축구선수이자 행원이 됩니다.
드디어 '하얀 와이셔츠에 넥타이'를 맨 은행원이 된 것입니다.
아버지와 어머니가 그리도 바라던 꿈이 실현된 것입니다.
무심(無心)한 하늘이 아닙니다. 유심한 하늘입니다.
하늘도 날쌘돌이의 지극한 효성을 본 거지요.
어느 화창한 봄날, 한복을 곱게 입은 어머니를 모시고 효자 선수가 찾아옵니다.

대뜸 질문을 합니다.

"공 차는 데 불편한 것 없어?"

엄지척입니다. 문제없답니다. 공 잘 차고 있답니다.

어머니를 봅니다. 삶에 찌든 얼굴이지만 심지가 굳은 표정이 역력합니다.

어머니가 합장을 하며 큰절을 합니다.

아들을 사람 만들어 주셔서 너무나 고맙답니다.

저도 한마디 합니다.

"아드님 같은 효자를 본 적이 없습니다."

"어쩌면 이렇게 잘 키우셨어요!"

어머니가 감격의 눈물을 흘립니다.

저도 시큰해집니다.

그야말로 완벽한 해피엔딩입니다.

상자를 내려놓습니다. 첫 월급으로 산 하얀 와이셔츠와 넥타이를 가져옵니다. 효자 선수에겐 지극히 상징적인 선물입니다.

저는 압니다.

하얀 와이셔츠와 넥타이!

바로 효자 선수의 삶이 담긴 선물입니다.

돌이켜봅니다.

포클레인, 트랙터, 크레인… 중장비도 변변치 않던 시절, 맨땅에서 맨손으로 소양강댐을 완성한 건설근로자들!
인부들 밥해 먹이던 함바집 아줌마들!
축구 중흥을 위해 실업축구단까지 결성한 축구인들!
그 고된 선수 생활을 하면서도 은행 일을 배우던 젊은이들!
그들이 있었기에 한강의 기적을, 조국근대화의 역사를 쓸 수 있게 된 것입니다. 그들이 있었기에 88올림픽의, 월드컵의 환희를 볼 수 있었던 것입니다.

그들이 하나둘 잊혀져 갑니다.
그들이 하나둘 먼 하늘로 갑니다.
그들을 기억하는 사람도 없습니다.
아주아주 슬픈 일입니다.

아버지의 소원

이들을 '월남에서 돌아온 김상사'라고 불렀습니다. 동네에서 인기 짱이었답니다. '김상사들'은 신랑감으로도 일순위였다네요.

'국운(國運)'이라는 고상한 단어가 있습니다.
나라에도 팔자가 있다, 이겁니다.
나라의 팔자를 고친 사건이 있습니다.
반만년 역사상 남의 나라를 쳐들어간 적이 한 번도 없는 대한민국이 역마살이 끼었는지, 십자성(十字星)이 빛나는 머나먼 남쪽나라 월남(베트남)이라는 나라의 전쟁에 끼어듭니다.
1964년 9월 11일.
한국군 의무중대 하나와 태권도 교관단이 치열한 전투가 벌어지고 있던 월남으로 향합니다. 사돈의 팔촌도 안 되는, 인연이 없던 나라입니다.
진흙탕 전쟁에 발이 빠진 겁니다. 점점 빨려 들어가 전투부대들이 참전하게 됩니다.

대한민국으로서는 최초의 해외 파병이라는 역사를 쓰기 시작한 것입니다.

월남전이 가장 치열했던 1970년, 71년을 포항 해병대에서 해군 군의관으로 근무를 합니다.

연대 의무참모이다 보니 시시각각으로 파월 해병들인 청룡부대 전투 상황을 접하게 됩니다.

저의 오른팔인 선임하사도 월남을 다녀온 직업군인입니다. 직속상관인 연대장을 비롯해 몇몇 참모들도 참전한 장교들입니다.

사단 캠퍼스 안에 있는 포항해군병원에는 부상당한 많은 파월장병들이 입원해 있었지요. 큰 수술이 있으면 절친인 비뇨의학과 과장의 조수를 서기도 합니다.

해병들과의 술자리에서는 월남에서의 무용담이나 까무잡잡한 꽁까이(아가씨라는 뜻의 월남어)들과의 추억담이 최고의 안주가 되었지요.

이래저래 월남전을 제대로 들여다볼 수 있었습니다.

50여 년 전으로 시간 여행을 떠납니다.

지저분한 전쟁

혹시 기억하시나요?

1973년 3월, 들끓는 반전 여론으로, 10년간 전투에 쏟아부은 막대한 전비(戰費), 늘어나는 사상자에 골머리를 앓던 미국 정부가 드디어 두 손 들고 지긋지긋한 월남으로부터 철수를 합니다. 평화협정이라는 미명 아래 말입니다.

한국군도 짐을 싸 귀국선에 오릅니다.

2년 만에 내분과 부패로 지리멸렬하던 월남군은 북베트남군(월맹군)과 베트콩(越共, VC)들의 집요한 공격에 무너지고 보트피플의 비극이 벌어집니다.

사회주의공화국 베트남으로 통일이 된 거지요. 사이공에 붉은 깃발이 나부끼고 호치민 시가 됩니다.

자유민주주의의 보루인 막강 미국의 체면이 말이 아닙니다.

칼잡이 의사의 눈에 비친 월남전을 돌이켜봅니다.

월남전을 소재로 한 어느 작가의 소설에 월남전은 'Dirty War(지저분한 전쟁)'란 표현이 있더라구요. 사실이 그랬습니다.

정치, 외교적인 전쟁의 배경이야 문외한인 저로서는 언급할 자격도 실력도 없으니 제쳐놓습니다.

직접 참전했던 직속상관인 연대장과 동료 장교들을 통해 많은 이야기를 듣습니다. '지저분한 전쟁'이라는 말, 실감이 나더라구요.

전투라는 게 지도상에 어떤 선을 그어 놓고 이쪽은 아군, 저쪽은 적군으로 갈라져 서로 총부리를 마주 대고 쏘는 거잖아요? 마치 우리의 휴전선처럼 남북이 마주 보고 총을 겨누듯이 말입니다.

월남전은 그게 아니더라, 이겁니다.

사방이 열대지방 특유의 정글인데 어디에서 베트콩이나 월맹군이 튀어나올지 모르니 미치고 폴짝 뛰겠더랍니다.

전투에 있어서 사주방어가 가장 어렵답니다.

생각해낸 것이 아군 기지를 둘러싸고 지뢰를 설치하는 것이지요.

밟았다 하면 터지는 재래식 지뢰, 건들기만 해도 터지는 부비트랩(Booby trap), 잡목의 밑둥에 설치해 스치기만 해도 터지면서 금속 파편이 쏟아지는 크레모아(Claymore) 지뢰를 사방에 깔아놓아 베트콩들의 접근을 막았답니다.

흙 속에 파묻거나 잡목에 살짝 가려 놓은 지뢰가 보일 리 없지요. 불쌍하게도 우리가 깔아놓은 지뢰에 아군 병사들이 당하는 경우도 허다했답니다.

물론 적들이 곳곳에 설치한 지뢰에 당하는 경우도 부지기수였답니다.

외상학적으로, 대검에 의한 자상이나 총탄에 의한 관통상은 상처가 단순해서, 매시(MASH : 미 육군 이동외과병원)나 후송병원에서도 수술이 가능하고 생존율도 높기 마련입니다.

그런데 지뢰 종류에 당하면 그게 아닙니다.

다리가 날아가고 아랫동네를 헤쳐 놓다시피 합니다.

그것도 한창 젊은 남정네들에게 말입니다.

칼잡이 의사들에게는 그야말로 고약한 수술을 해야 하는 지저분한 상처를 입힙니다. 요도, 방광, 항문에 상처를 입으면 평생 후유증으로 고생을 합니다.

당시 포항해군병원에도 지뢰에 의한 요도 손상으로 방광루(방광에 도뇨관을 설치하는 수술)를 설치한 환자나, 대장이나 항문 손상으로 인공항문을 시술한 환자들이 많았습니다.

의사의 눈에도 월남전은 분명히 지저분한 전쟁이었습니다.

'월남에서 돌아온 김상사'

세상은 참 아이러니합니다.
이 지저분한 전쟁이 가난에 찌든 이 나라의 팔자를 고치는 효자 전쟁이었다, 이겁니다.
물론 월남 참전의 명분은 분명했습니다.
풍전등화였던 한국의 자유민주주의를 지켜준 미군에게 빚을 갚아야 한다! 동남아시아에 퍼지는 공산주의를 막아야 한다!
20여 년간 호시탐탐 적화통일을 노리는 북한군과 대치하고 있는 국군에게 전투 경험을 쌓게 하자!
미국의 한국군 현대화 약속도 절실하다!
혁명을 이끈 지도자의 머릿속에는 더 큰 그림이 그려지고 있었지요.
보릿고개에 허기진 백성들을 먹여 살려야 한다는 사명감으로 그의 가슴은 온통 경제였지요. 첫째도 경제, 둘째도 경제였습니다.

장군에서 사병에 이르기까지 한국에서보다 10배가 넘는 전투수당을 미국이 모두 지불합니다. 그것도 금쪽같은 달러로 받으니 곳간이 빈 국고에 10년 가뭄에 단비가 내리듯 달러($)가 들어옵니다.
8년간의 베트남 참전기간 한국군이 해외 근무수당으로 벌어들인 외화가 무려 2억 4,000만 달러였다니 당시로서는 빈집에 황소가 들어온 셈이지요.
직업군인인 하사관들은 PX에서 헐값에 나오는 그 흔한 맥주 한 잔 안 마시고 한 푼이라도 지갑에 꼬불쳐 넣습니다.
귀국할 때 장교는 'A박스', 사병들은 'B박스'로 부르는 가로 세로 1m, 높이 1m의 나무상자에 PX나 암시장을 통해 어렵게 구한 가전제품, 시계, 레이션 박스(전투식량)로 가득 채워 귀국길에 들고 옵니다. 서울의 청계천과 남대문시장, 부산 국제시장의 박스물건 전문 암상인들에게 팝니다. 지갑이 두둑해집니다.
'G박스'란 말 들어 보셨나요?
한바탕 전투가 끝나고 수집한 탄피, 부서진 포신 조각, 전선용 구리 같은 고철을 모아 박스에 채우면 30~40만 원을 받았는데 이장이나 면장 월급의 열 배였답니다.
부지런한 하사관들에겐 짭짤한 수입이었지요.
어찌 보면 밀수인데 현명한 정부는 모른 척합니다.
그 돈, 어딜 가든 우리 백성들 거잖아요!!
어쨌거나 머리를 잘 굴린 직업군인들은 월남에서 받은 수당과 약간은 불법적인 밀수로 10여 마지기의 전답을 마련합니다. 집안의 팔자가 핀 것이지요. 박스 덕으로 읍내에 땅을 사 제대 후 사업자금을 마련한 전우들도 많답니다.

이들을 일컬어 '월남에서 돌아온 김상사'라고 불렀습니다. 동네에서 인기 짱이었답니다. '김상사들'은 신랑감으로도 일순위였다네요. 뽕짝 노래도 대유행을 합니다.

귀신 잡는 해병

직속상관인 연대장이 씁쓸한 이야기를 합니다.
미군들과 함께 싸우면서 그들의 넘쳐나는 무기, 통신장비, 수송 장비가 그리 부러울 수가 없었답니다.
전투가 끝나고 전진을 하거나 후퇴를 할 때마다 조금만 고장이 나거나 훼손이 되면 미군들은 그대로 버리고 갔답니다.
우리 한국군, 전투도 잘하지만 이재에도 밝습니다.
머리를 굴립니다. 전투를 치르고 나면 멀쩡한 무기나 장비가 파괴되었다고 망실(亡失) 보고를 하고 주월 미군사령부에 새 장비를 신청합니다. 통 큰 미군들, 알면서도 새 장비들을 계속 주더랍니다.
허위 망실 보고로 얻은 신형 장비들은 미군들 몰래 우리 해군 수송함으로 실어 나릅니다. 한국에 도착하면 비밀리에 우리 군 부대로 흘러갔답니다.

믿거나 말거나입니다.

우리 군의 무장 수준이 높아집니다.

우리 연대장이 신이 납니다.

한국군의 전투력은 미군들을 놀라게 했답니다.

6·25전쟁 때 빨치산 토벌 경험이 큰 도움이 되었답니다. 베트콩과 주민들을 떼어 놓기 위한 대민진료, 태권도 교육, 학용품 지원, 교사(敎舍) 수리 같은 민사심리전의 효과를 단단히 보았답니다.

미군들과는 달리 백병전이나 근접전투도 불사하는 한국군의 전투력에 월맹군이나 베트콩들이 기겁을 했답니다.

바로 그 유명한 짜빈동 전투가 결정적 펀치(?)였답니다.

우리 대장, 입에 거품을 뭅니다.

1967년 2월 중순이랍니다.

3개 대대 2,400여 명의 월맹 정규군이 쭈라이지구 짜빈동(Tra Binh Dong)에 주둔하고 있던 우리 해병중대를 공격했답니다. 눈엣가시였던 쭈라이 미공군 기지를 뺏기 위해서랍니다.

290여 명의 중대병력이 2,400여 명의 월맹 정규군과 맞짱을 떴답니다. 4시간 동안 치열한 백병전과 근접 전투를 펼치며 기지를 지켜냈답니다.

적 사살 300여 명, 무기 부족에 허덕이던 월맹군으로부터 엄청난 개인화기, 중화기를 노획했답니다.

귀신 잡는 해병대의 본때를 제대로 보여준 전투였답니다.

주월 미군사령부가 한국군의 전투 능력에 놀라 자빠졌답니다.
짜빈동 전투를 계기로 미군의 한국군에 대한 신뢰가 굳건해집니다.
드디어 한국군이 목메어 기다리던 커다란 선물을 줍니다.
파병 초기 M1 소총이 필수 무기였는데 체격이 작은 한국군에게는 너무 크고 무거웠답니다. 미군들은 신형 M16 소총을 휴대했는데 가볍고 파괴력도 훨씬 컸답니다. 부럽기 그지없었답니다.
바로 한국군을 M16 소총으로 무장시키게 됩니다.
막강 우리 국군이 날개를 단 거지요.
월남 파병을 위한 브라운(Brown) 각서에 명시된 한국군 현대화 계획에 따라 노후된 무기들이 첨단장비들로 교체가 됩니다.
영민한 우리 군은 지급받은 새로운 무기들을 분해하고 베끼기 시작합니다.
50년 후 한국의 군수산업이 세계 최강국이 된 계기가 됩니다.
K-9 자주포, K-21 초음속 전투기, 보병전투장갑차 개발의 씨앗이 된 거지요.
기업적 측면에서도 항만, 군용도로, 비행장 공사를 따낸 군납건설업자들과 군수물자 수송을 맡은 해운업자들은 외화획득의 재미를 톡톡히 보게 되었지요. 훗날 중동 진출이라는 기적으로 이어집니다.
지금은 모두 세계적인 기업으로 우뚝 섰습니다.
돌이켜봅니다.
나라의 지도자가 백팔번뇌 끝에 내린 결단이 조국근대화, 민족중흥의 방아쇠가 된 것입니다. 귀신도 놀랄 통계를 씁니다.
1964년의 월남 파병 직전 1인당 국민총생산(GNP)이 103달러로 꼴찌 나라였습니다. 불쌍하게도 세계 최빈국이었지요.
월남에서 철수를 끝낸 1974년에는 다섯 배가 넘는 541달러로 뛰어오릅니다. 황소개구리 점프였지요.
어려웠던 시기에 월남 파병은 그야말로 신의 한수였습니다.

오렌지 작전

세상사 호사다마입니다.
월남전이 지저분한 전쟁이었다는 사실이 종전 후 20여 년이 지나 또 한 번 세상에 드러납니다.
'오렌지 작전'이란 말 들어 보셨나요?
막강 화력의 미군이 월남전에서 고전한 이유 중 하나가 월남의 자연환경이었지요. 울창한 밀림 속에서 왜소한 체격의 월맹군들이 거무튀튀한 옷을 입고 날렵하게 돌아다니는데 지척에서도 분간이 안 됩니다.
지상관측이나 공중정찰에서도 그놈의 정글 때문에 적을 볼 수가 없으니 미군들, 미치고 폴짝입니다.
화염방사기나 네이팜탄도 울창한 정글 속에선 말짱 헛것이었답니다.

미군들 머리를 굴리고 굴려 착안한 것이 고엽제 살포입니다.

일종의 제초제인 '다이옥신제제'인데, 이 제초제를 채운 드럼통을 오렌지색 페인트로 칠을 했답니다.

이 제초제 약품명이 에이전트 오렌지(Agent Orange)였거든요.

헬리콥터나 수송기로 밀림 위에 살포를 합니다. 바로 '오렌지 작전'입니다.

울창했던 나뭇잎들이 말라죽습니다. 시야가 트이는 거지요.

에이전트 오렌지라는 고엽제의 독성이 이만저만 아닙니다.

10여 년이 지나 고엽제 후유증으로 고생하던 참전국인 호주, 뉴질랜드의 참전 퇴역 장병들이 고엽제 생산 회사들과의 소송 끝에 거액의 피해자 보상기금을 받아내면서 세상에 알려집니다.

우리나라에서는 월남에서 철군한 지 20년이 지난 1993년에야 고엽제 환자 지원법이 발효되면서 국내에서도 여론의 관심을 끌게 되었지요.

고엽제 후유증이란 게 다양하고 경계가 모호합니다.

허혈성 심장질환, 폐암, 전립선암, 임파선암, 당뇨… 등이 후유증으로 분류됩니다. 2023년에는 방광암, 다발성경화증, 파킨슨병, 갑상선기능저하증이 추가로 인정받게 되었습니다.

최근 보훈처의 통계를 보니 국가유공자로 인정되는 고엽제 후유증 환자가 5만여 명, 의심되는 환자가 8만 5천 명쯤 된답니다.

후유의증(後遺疑症)이란 용어를 씁니다.

고엽제 환자로 혜택을 받으려면 월남전 참전 경력이 필수적입니다. 분명한 것은 모두가 난치병이라는 사실, 원인이 애매하다는 공통점이 있지요.
이래저래 월남전은 '지저분한 전쟁'이란 말, 맞는 말입니다.

늙은 부하

잊을 수 없는 환자가 있습니다.
서울올림픽을 무사히 치르고 나라가 모처럼 활기를 띠던 1989년 말쯤 되려나요?
백발이 성성한 노인이 제 방으로 들어오자마자 '충성!' 소리와 함께 해병대식 거수경례를 합니다. 목청이 얼마나 큰지 간호사들은 기겁을 하면서도 웃습니다. 한두 번이 아니거든요.
20여 년 전, 포항해병대 의무참모시절 보좌관이었던 주임상사입니다.
당시, 계급이야 아래지만 50이 다 된 노병이었습니다.
장가도 못 간 아들 같은 나이의 저를 깍듯이 상관으로 받듭니다. 민망하기 그지없었지요. 따님이 대학생인 늙은(?) 부하입니다.
만기 제대 후 고향에서 특용작물을 재배하는 독농가(篤農家)입니다. 해병대 정신으로 땅을 갈아 지금은 부농이 되어 지역의 유지가 됩니다.

빈농의 아들로 태어나 대학은 엄두도 못 내고, 고등학교 졸업 후 해병대에 입대, 직업군인이 됩니다. 주특기가 위생병과입니다.

이 사람도 '월남에서 돌아온 김상사들' 중 하나입니다. 월남 근무 할 때 봉급을 꼬박꼬박 저금하고, 남아돌아가는 항생제, 소화제, 진통제를 모아 B박스에 채워 귀국을 합니다. 처분한 돈도 꽤 됩니다.

월남에서 모은 돈 몽땅 고향의 전답을 사들였는데 그게 몇천 평입니다. 불과 몇 년 만에 빈농에서 부농으로 신분상승을 이룹니다.

그뿐인가요? 위생병과 30년을 거쳤으니 풋내기 의사는 저리 가라입니다.

낫에 베이거나 뱀에 물려도 상사님한테 가면 오케바리입니다. 큰 병은 전문과를 가려 대학병원으로 안내를 합니다. 마을에서는 보건소장 저리 가라입니다.

비뇨의학과 병이다 싶으면 무조건 서울 이화대학병원 권 아무개한테 보냅니다. 가까운 환자는 아예 손잡고 데려옵니다. 한두 명이 아닙니다.

이화대학병원 비뇨의학과 홍보대사 역할을 톡톡히 해줍니다.

그뿐인가요? 올 때마다 빈손이 아닙니다. 서울내기들한테는 귀물(貴物)인 두릅, 더덕, 송이버섯을 들고 옵니다.

이번에는 영덕대게를 한 상자 들고 왔답니다.

정이 들 대로 든 칠순의 늙은 부하입니다.

데려온 친구를 불러들입니다.

육척장신인데 얼굴색은 창백하고 비쩍 말라 병색이 완연합니다. 청룡부대에서 같이 목숨 걸고 싸웠던 전우랍니다.
그리 말렸는데도 고치질 않네요. 저에 대한 호칭은 언제나 '권 소령'입니다.
"권 소령님! 임마 좀 살려주이소."
"저승 갈 때는 같이 가기로 약속한 자슥이라요!"
소변 한번 보려면 자지러진답니다. 피도 나온답니다. 고장 난 수도 같답니다. 대변도 시원치 않답니다.
2년 전에 당뇨가 왔는데 혈당은 잘 유지되고 있었답니다. 요즘 와서 몸무게가 팍팍 내려간답니다.
한창때 100kg의 거구였는데 60~70kg으로 떨어졌답니다. 몇 군데 큰 병원을 찾았지만 의사마다 고개를 갸우뚱하더랍니다. 마지막이라 생각하고 저를 찾아왔답니다.

환자를 입원시키고 늙은 부하에게 점심을 대접합니다.
"모처럼 갈비 한 번 묵을까?"
임의롭다 보니 칠순노인인데 반말이 나옵니다.
"안할라요! 묵자골목 갈라꼬 서울 온기라!"
동대문시장 먹자골목의 제 단골 과붓집 동태찌개를 무척 좋아합니다. 서울 오면 무조건 이 집으로 갑니다.
해병대 상사의 우렁찬 목소리가 가게를 울립니다.

"아지매! 4인분 대짜로! 보물 마이 옇꼬!"

곤이, 명란 듬뿍 넣으라는 뜻입니다.

식객은 둘인데 주문은 4인분입니다. 해병대식이지요.

"그라고 두꺼비 하나!"

오래간만에 늙은 부하와 회포를 품니다.

생사를 같이했던 전우

데려온 환자의 삶이 흘러나옵니다.

자신의 삶과 붕어빵이랍니다. 지지리 가난한 빈농 집안, 2남4녀 6남매의 장남이랍니다.

간신히 고등학교를 마치고 해병 하사관 학교에 들어가 직업군인 되었답니다. 기술을 배워야 산다고 수송병과를 택했답니다. 덩치는 저리 커도 무골호인(無骨好人)이랍니다.

월남에서 만났답니다. 청룡부대에서 같이 싸웠답니다. 수송대원들이 다치거나 아프면 자기가 치료해 주었답니다.

의무대 차량이 고장 나면 저 친구가 고쳐주었답니다. 의무대의 앰뷸런스나 차량은 언제나 반들반들이었답니다.

겉보기와는 달리 지독한 친구랍니다.

1달러짜리 한 장 허투루 쓰는 법이 없답니다. 꼬불쳤다가 몽땅 홀어머니에게 보냈답니다. 부서진 차량이나 탱크 부속품들은 모아 G

박스로 보냅니다.

남들은 1년이면 넌더리가 나 귀국을 하는데 복무를 연장하고 2차 지원까지 해 3년 가까이 베트남의 밀림을 누볐답니다.

최장기간 체류자의 한 사람이랍니다. 하사관 봉급으로 다섯 동생들 학비 대고 시집장가 다 보냈답니다. 월남에서 받은 수당과 G박스 판돈으로 읍내에 가게 터까지 마련했답니다.

누구 말대로 '찌질이도 가난한 집안의 장남'들 모임인 '찌장회'의 대표주자입니다.

본인은 장가도 못 갔답니다.

만기 제대 후 읍내에 사두었던 땅에 쬐그만한 가게를 짓고 정비소는 못되고 자동차 수리점을 열었답니다.

자동차가 늘면서 가게가 조금씩 자리를 잡아가더니 지금은 정비공장 비슷하게 번창했답니다.

50이 넘어 참한 노처녀를 만나 장가를 갔답니다.

아들만 둘을 두었답니다.

남들은 손자 둘 나이인데 애들이 아직도 고등학교에 다닌답니다. 큰애는 애비의 꿈인 해군사관학교를 간다고 열심히 공부하고 있답니다.

늙은 부하가 긴 한숨을 내쉽니다.

"점마 참말로 불쌍한 놈이라예!"

"60이 다 되어서야 진짜배기 행복을 찾았는데 이 꼴이 뭐니껴?!"

"지나 내나 참말로 억수로 고생했어예!"
낮술이어서인지 늙은 부하의 눈가가 벌게집니다.
"저 자슥 이젠 돈도 많이 벌었어예!"
월남에서 싸울 때 친구하고 약속을 했답니다.
죽을 때도 같이 죽자고….
"권 소령님요! 우옜거나 점마 좀 살려주이소!"
드디어 늙은 부하의 눈에서 물방울이 소주잔으로 떨어집니다.
괜히 늙은 부하의 전우애가 저의 눈물샘도 건드립니다.
"제발 그 '소령' 자 빼면 잘 해볼게!"
자리를 털고 일어납니다.

각설하고,
온갖 검사를 합니다.
처음엔 나이도 70대니 전립선암으로 생각했는데 항문을 통한 촉진으로는 전립선은 정상 크기에 암처럼 딱딱하지도 않습니다.
비뇨의학과의 최종병기인 내시경으로 방광을 들여다봅니다. 명색이 비뇨생식기암이 주특기인데 이런 종양은 난생처음 봅니다. 흔히 보는 산호초나 딸기 모양의 방광암이 아닙니다.
우둘투둘하면서도 표면은 매끄러운 암종이 방광 아래쪽에서 자라고 있습니다. 달걀만 합니다. 방광 입구를 막기 직전입니다.
내시경을 통해 암 조직을 떼어내 해부병리학과에 보냅니다.

평생을 암세포를 찾아내고 세포의 악성도(惡性度)를 가려내는 병리학 교수가 저를 부릅니다.

현미경을 보여주면서 아주 뜻밖의 진단을 내립니다. 방광 종양의 주종인 이행상피암(移行上皮癌)이 아니랍니다. 자기도 방광에 생긴 이런 살코마(sarcoma : 육종)는 처음이랍니다.

점막 같은 상피조직에서 생기는 암과 달리 육종은 비상피성(非上皮性) 조직인 근육, 뼈, 혈관 등에 발생하는 악성 종양을 통칭하는 용어입니다.

병리학 교수가 한마디 더 합니다. 섬뜩합니다.

이렇게 악성도가 높은 세포도 처음이랍니다.

당시 도입한 지 얼마 안 된 컴퓨터단층촬영(CT)에서도 복부 림프 조직 곳곳에 기분 나쁜 소견이 보입니다.

가슴을 졸이며 배를 엽니다.

종양의 뒤쪽이 바로 항문과 대장입니다.

항문과 대장 상태를 파악하기 위해 부른 일반외과 교수가 방광 뒤쪽으로 손을 넣어 봅니다. 들러붙은 종양을 잘못 제거하다가는 직장, 항문까지 다칠 확률이 크답니다.

종양은 건들지 말잡니다.

종양을 보고도 들어내지 못하는 칼잡이 의사의 심정을 아시나요? 작전상 후퇴를 해야 하는 지휘관의 심정이지요. 전투도 못해 보고 후퇴를 합니다.

종양은 건들지 않기로 합니다. 생명유지의 첫 조건인 소변 길만 터 주기로 합니다.

배꼽 밑에서 카테터(도뇨관)를 방광에 설치하고 상처를 꿰맵니다.

도뇨관을 통해 방광에 소변이 고이는 대로 흐르니, 우선 환자는 지옥을 벗어난 것 같지요.

"종양을 잘못 건드리면 직장과 항문을 다칠까봐 소변줄만 설치했습니다! 곧 방사선 치료를 시작할 거예요!"

돌리고 돌려 설명을 합니다.

작전상 후퇴의 변을 읊어 댑니다. 암과 전투를 하는 칼잡이 의사의 가장 괴로운 순간입니다.

산전수전을 다 겪은 우리의 해병용사, 담담하게 받아들입니다.

환자가 늙은 부하에게 한마디 합니다.

"마~~ 우리 마이 살았다 아이가!"

"멧 번이나 골로 갈 뻔했다 아이가!"

피골이 상접한 손으로 제 손을 잡습니다.

한 2년만 더 살고 싶답니다.

해군사관학교 생도복을 입은 큰애의 모습을 보고 싶답니다.

아들을 해군장교로 키우는 게 꿈에도 소원이었답니다.

덩치 큰 해병 용사의 눈가가 젖습니다.

헌데 2년은 고사하고 1년도 못 견디고 머나먼 하늘여행을 떠납니다.

늙은 부하가 울먹이며 부음을 전합니다.
갈 때까지 소변 하나는 끝내주게 잘 나왔답니다. 저를 위로하는 말로 들립니다.
하늘은 무심치 않더라구요.
몇 달이 지납니다.
화통을 삶아 먹었는지 늙은 부하의 우렁찬 목소리가 전화기를 울립니다. 빅 뉴스랍니다.
"금마 소원 풀었어예!"
"알라가 해군사관학교에 햅격 안했능교!?"
소원을 이루었으니 고인도 하늘에서도 웃을 거랍니다.
졸업 때까지는 자기가 애비 노릇 톡톡히 하겠답니다.
늙은 부하의 전우애가 눈물겹습니다.
'월남에서 돌아온 김상사들'이 하나둘 역사에서 사라집니다.

부끄럽기 그지없습니다.
그 무렵 군진의학계(軍陣醫學界)에서는 고엽제 후유증에 관한 논문들이 나오기 시작합니다.
명색이 해병 연대 의무참모까지 했다는 칼잡이 의사가?
3년씩이나 월남전에 참전했던 환자의 경력을 알고도 고엽제는 생각도 못했으니 무식해도 한참 무식한 의사였습니다.
바로 전형적인 고엽제 후유증이었거든요!

우리나라에서는 1993년에야 고엽제 후유증 환자 지원법이 발효되었지요. 조금만 일찍 법안이 통과되었다면, 몇 년만 늦게 발병했더라면, 이 역전의 용사도 나라의 혜택을 톡톡히 받았을 텐데?!
안타깝기 그지없습니다. 버스 떠난 뒤에 손을 흔듭니다.
월남전 반세기가 지난 2023년 방광암도 정식으로 고엽제 후유증으로 등재되었더라구요.

돌이켜봅니다.
정치외교학적으로나 군사적으로나 '지저분한 전쟁'이었다는 월남전! 그래도 우리에겐 효자 전쟁이었습니다.
지도자의 용단으로 조국근대화, 민족중흥의 터를 닦은 전쟁이었습니다.
허기진 보릿고개를 넘겼습니다.
외화 회득의 눈을 뜨게 했습니다.
해외 건설 수출의 길을 열었습니다.
일촉즉발 휴전선을 지켜야 하는 국군 현대화의 역사를 이루었습니다.
'월남에 간 김상사들'의 은공을 잊을 수가 없습니다.
'월남에서 돌아온 김상사들'이 하나둘 역사 속으로 사라져갑니다.
'월남 파병!' 참새들은 상상도 못할 공작의 꿈을 펼쳤던 나라의 지도자를 잊을 수가 없습니다.

사우디 형제

몸매에 비해 엄청 큰 손입니다. 쇠가죽 같은 손입니다. 이 풍진세월의 삶이 전해옵니다.

착한 의사들

의사들만이 쓰는 국적 미상의 단어가 하나 있습니다.
의학계열인 의과대학, 치과대학, 한의과 대학생들이라면 귀에 못이 박히도록 듣는 말입니다.
낙제, 유급이 다반사이고 시험으로 지새 온 의학계 학생들이나 전공의들에게는 꿈속에서도 들리는 단어입니다. 이 말을 외면하다가는 낙제, 낙방이라는 큰코를 다치게 됩니다.
바로 '야마'라는 어원이 불분명한 단어입니다.
일설에는 일본어 야마(山)에서 유래했답니다. 일본에서 산은 핵심, 정점(頂點)으로 통한다네요.

시험을 앞둔 수험생들이 이미 출제가 된 문제들이나 출제가 예상되는 정보들을 정리한 문제집들을 말합니다.

영어 관용구 중 '너는 내 도우미야!'라는 'You are my assistant (YAMA)'에서 유래했다는 설(說)이 유력하답니다.

일반 수험생들에게는 족보(族譜)라는 말로 통하지요.

전문의 고시 같은 자격시험을 앞둔 수험생들은 '야마' 수집에 혈안이 됩니다. 의대 6년, 인턴·레지던트 5년의 고달팠던 11년간 형설의 공이 결판나기 때문입니다.

큰 전투를 앞둔 군인들이 적들의 정보 수집에 목숨을 걸듯이 말입니다.

수험생들처럼 절실하지는 않지만 출제를 맡은 교수들은 반대입니다. 어쨌거나 야마에 없는 문제를 내려고 머리를 쥐어짭니다.

자신도 처음 겪어보는 희귀한 질병이나 오진으로 애를 먹었던 증례들을 골라 출제를 합니다. 일단 문제로 출제가 되면 그 증례는 야마로 남게 되어 모든 수험생들의 뇌리에 남게 됩니다.

수험생들이야 난이도가 높을수록 출제 교수들을 원망하지만 사실은 좋은 의사로 만들려는 선생님들의 충정인 거지요.

30이 넘은 애아버지들이 의사로서 마지막 관문인 전문의 고시를 치르기 위해 한 달 넘게 가출을 합니다.

예닐곱 명이 합숙하면서 시험공부를 합니다. 출신 병원이 모두 다릅니다.

그들의 책상 위에는 소위 '야마' 문제들이 산더미같이 쌓여 있습니다.

각자가 수련받은 병원의 야마들을 들고 온 것입니다.

시험으로 지새 온 6년간의 의과대학을 끝내고 의사 시험을 치릅니다.

의사도 아니고 사람도 아니라는 인턴, 레지던트 과정을 견디어 냅니다.

군인들의 병영생활과 같은 전공의 신세입니다.

최저 임금, 근로 시간, 유급휴가 같은 근로기준법은 사전에도 없는 곳이 전공의들의 삶이었지요.

2000년대 이전만 해도 피교육자라는 명분으로 밤샘 근무가 다반사였습니다. 초과근무수당! 어림도 없는 이야기입니다.

착취에 가까운 급여를 받으면서 인격을 외면한 처우도 견뎌냈습니다. 합숙까지 하면서 야마들과 씨름해 전문의가 됩니다.

이들이 바로 세계가 부러워하는 오늘의 'K의료'를 일궈낸 의사들입니다.

참으로 착하디착한 한국 의사들입니다.

착한 의사들을 키워낸 교수들, 정말 좋은 선생님들입니다.

세상이 허무합니다. 이들에게 돌을 던지는 세상이 되었습니다.

늙은 의사의 가슴이 아주 쓰립니다.

희귀한 질병

인체라는 게 그리 커다란 존재도 아닌데, 수천 수만의 질병이 발생합니다. 무지 복잡하다는 우주선의 고장도 인체의 질병에 비하면 약과입니다.

수많은 치료제가 개발되고 족집게 같은 진단 장비가 나오고 기발한 수술 기법이 등장해도 죽음을 이길 수는 없잖아요.

이름도 없었던 '코로나19'라는 바이러스가 지구촌을 흔들어 놓을 줄 누가 알았겠습니까? 전 세계가 혼쭐이 났지요.

의학이 어렵고 의사란 직업이 힘든 이유입니다.

대학병원 교수들이 각별히 모시는 환자들이 있습니다.

고관대작이 아닙니다. 갑부도 아닙니다.

교과서 귀퉁이에 몇 줄로 기록된 아주 희귀한 환자나, 아주 특별한 진단 방법이나 새로운 수술기법이 필요한 환자들입니다.

오죽하면 아주 희귀한 질병이나 특별한 수술이 필요한 경우 학술용 무료진료라는 제도가 있습니다.

국민개보험이 없던 시절 교수들에겐 아주 요긴한 제도였지요.

전공 분야에 따라 다르지만 교수마다 어떤 수술을 하고 싶어서 안달인 경우가 있습니다. 자기가 개발한 아이디어를 살리고 싶어서입니다.

신통하게도 학수고대하던 환자가 옵니다.

힘든 수술이지만 살 수 있는 확률이 높다고 설득을 합니다.
절레절레 입니다. 돈이 없답니다. 약이나 몇 알 달랍니다.
원장에게 떼를 씁니다.
학술용 무료진료제도가 의사의 소원을 풀어주고 환자를 살립니다. 새로운 증례들이 쌓일수록 임상논문의 좋은 자료가 되고 전공의 교육에 날개를 달아줍니다. 물론 새로운 증례들은 문제로 출제가 되고 실력을 갖춘 전문의들을 가려냅니다.
선생님들이 좋은 문제를 내서 '야마'가 쌓일수록 전문의들의 실력이 향상됩니다.
그 열악한 환경 속에서도 실력 있는 전문의들을 양성하고 한국의 의료수준을 선진국으로 끌어올린 우리 선생님들 참 좋은 교수들입니다.
'야마'가 된 아주 귀한 환자 이야기를 씁니다.

강냉이 아저씨

40년 전쯤 되려나? 경기도 고양에서 3년 넘게 꼬박꼬박 두세 달에 한 번씩 버스, 전철을 갈아타고 이대 동대문병원을 찾아오는 환자가 있었습니다.
상당히 진행된 방광암 환자입니다. 몇몇 대학병원에서 방광을 들어내고 오줌주머니를 차야 한다는 경고를 받고 질겁해 저를 찾아옵니다.
내시경검사와 조직생검 결과, 교과서대로 하면 방광을 들어내고 창자로 인공방광을 만들어 오줌주머니를 차는 게 맞는 말입니다.
문제는 환자의 나이입니다. 고작 40세에 방광암이 온 겁니다.
제가 본 가장 젊은 환자입니다.
고양에서 작은 비닐하우스와 밭 몇 마지기로 살아가는 농부입니다. 한창 몸을 움직여야 하는 농사꾼입니다. 더구나 당시의 일반 농가를 봅니다.
요즘 같은 양변기는 언감생심입니다. 욕조가 달린 화장실은 먼 나라 이야기였던 시절입니다. 스스로 오줌주머니를 갈고 소변이 나오는 창자를 소독한다는 게 여간 힘든 일이 아니거든요.
환자의 직업, 생활환경을 배려한 치료 선택도 좋은 의사의 덕목이지요. 오줌주머니를 차고 밭일을?! 가당치도 않습니다.
수술을 좋아하는 후배 교수들의 반대를 무릅쓰고 고식적 내시경 전기절제술과 항암치료를 하기로 합니다.
충분한 설명을 들은 환자도 선뜻 따르기로 합니다.
참으로 순박한 농부입니다.
그 힘든 항암치료를 이를 악물고 견뎌냅니다.
의사의 말이라면 무조건 따릅니다. 이렇게 착한 환자를 본 적이 없습니다.
악성도가 높고 진행된 암이다 보니 늘 조마조마합니다.

3개월에 한 번씩 내시경검사를 합니다. 2년 동안을 말입니다.
내시경검사라는 게 환자들의 표현대로 말하자면 요도에 '쇠꼬챙이'를 집어넣고 들여다보는 것인데 얼마나 괴롭겠습니까?
불평 한마디 들은 적이 없습니다.
환자의 정성이 하늘에 닿았나 봐요. 3년간 재발 없이 지나갑니다.
그 지긋지긋한 내시경검사도 1년에 한 번만 하기로 합니다.
오는 정이 있으면 가는 정이 있기 마련입니다.
한여름인데 소쿠리에 찐 감자를 담아 방석으로 덮어서 들고 옵니다. 찐 감자는 식으면 맛이 없다며, 바로 드셔야 한답니다. 땀을 뻘뻘 흘립니다.
간호사들, 전공의들 모두가 방방입니다.
여름이면 때마다 찐 강냉이를 가져옵니다. 식을까봐 담요로 둘둘 말아 들고 옵니다. 눈물겨운 정성입니다. 간호사들이 '강냉이 아저씨'라고 부릅니다.
그뿐인가요? 오줌소태나 혈뇨가 있는 환자는, 무조건 꼭 손잡고 데려오는 강냉이 아저씨입니다. 교실원들에게 강냉이 아저씨는 늘 삼촌입니다.
지금 생각하면 인정이 강물처럼 흐르던 '아 옛날이여!'입니다.
3년간 암과의 전투를 함께 이겨낸 전우이기도 합니다.

'야마'가 된 병

1980년대 말쯤입니다.

강냉이 아저씨가 어느 날 '형님'이라고 부르는 환자를 데려옵니다. 3년이란 긴 세월 제 방을 들락거리다 보니 제 일정도 훤히 알고 있습니다. 외래가 끝날 무렵에 나타납니다.

이웃사촌이랍니다.

땅딸막한 체구하며 햇볕에 그을린 얼굴하며 영락없이 농부입니다. 언제부터인가, 소개받은 환자는 악수라기보다는 늘 두 손으로 잡습니다. 손의 감촉은 환자의 삶을 알려주거든요. 의사의 보드라운 손은 병원에 대한 두려움도 사라지게 합니다.

몸매에 비해 엄청 큰 손입니다. 쇠가죽 같은 손입니다. 이 풍진세월의 삶이 전해옵니다. 그런데 인상은 선하기 그지없습니다.

잔뜩 주눅이 든 모습이 참 안쓰럽습니다.

파리한 안색, 지친 눈매, 병색이 완연합니다.

강냉이 아저씨가 조심스럽게 나섭니다. 자기 병과 닮았답니다. 그래서 모시고 왔답니다.

소변이 붉게 나온 적이 있답니다. 환자의 호소를 듣습니다.

보기와는 달리 조리 있게 병력을 말합니다.

소변이 시도 때도 없이 마렵답니다.

심하게 밭일을 하고 나면 소변이 붉게 나온 적도 있답니다. 소변볼

때 찌릿찌릿 통증이 있었답니다. 1년 넘게 이 병원 저 병원, 다 돌아다녔답니다. 침도 맞았답니다. 방광염이라고 항생제도 수태 먹었답니다.

요즘 와서는 오른쪽 옆구리까지 결리답니다.

척하면 삼천 리이지요!

교수랍시고 우쭐대던 이 칼잡이 의사는 당시 비뇨기과의 가장 흔한 질병인 요로결핵이라고 대수롭지 않게 생각합니다.

환자가 조용히 묻습니다.

"암이지요?"

신중하지 못한 이 칼잡이 의사, 주책없이 '암은 아니다, 결핵인 것 같다'고 '혀'가 앞섭니다.

입원을 합니다. 신장이나 방광결핵을 염두에 두고 조영제를 이용한 요로 촬영을 합니다. 신장에서 방광으로 오줌을 내려보내는 오른쪽 요관의 아래쪽에 협착이 보입니다. 종양에 의한 협착도 아닙니다. 협착으로 오줌의 흐름이 장애를 받아 우측 신장이 늘어나는 수신증도 보입니다. 신장이 너덜너덜 헐어버리는 결핵 소견은 전혀 없습니다.

방광의 용적도 정상입니다. 결핵성 위축도 없습니다. 암종(癌腫)의 소견도 없습니다. 소변에 결핵균도 없습니다.

후배 교수들도 갸우뚱입니다.

백문이 불여일견이지요. 조직생검까지 염두에 두고 마취 하에 방광경 검사를 합니다.

방광의 오른쪽에 충혈이 보이고 산딸기 표면처럼 우둘투둘합니다. 이런 소견을 본 적이 없습니다. 방광경 검사가 본업인데 종잡을 수가 없습니다.

함께 들여다본 후배 교수들도 모두 "어! 저게 뭐지?"입니다.

생검(生檢)을 위해 조직을 채취하고 병변이 심한 부위는 전기소작으로 지져버립니다.

마취를 하고 내시경으로 들여다보고도 확실한 진단을 못 내리는 이 칼잡이 의사의 체면이 말이 아닙니다.

착하디착한 농부의 얼굴에도 불신의 그림자가 드리워집니다.

강냉이 아저씨도 좌불안석입니다.

진단을 잡아내지 못하는 의사, 범인을 보고도 증거가 없어 못 잡는 형사의 심정입니다.

일각이 여삼추 같은 며칠이 지납니다.

해부병리과 교수의 목소리가 우렁찹니다.

조직검사 결과가 나왔답니다. 자기도 처음 보는 병변이랍니다.

"주혈흡충이라는 기생충 아세요?"

"방광 주혈흡충증이더라구요!"

다행히 암으로 넘어가지는 않았답니다.

문득 떠오르는 '야마' 문제가 있습니다. 희한하게도 주혈흡충은 발암(發癌) 기생충이거든요.

얼마 전 전문의 시험 출제위원으로 선발된 적이 있습니다.
호텔의 출제위원들이 묵는 층은 모든 출입구가 봉쇄되고 3박4일간 완전 격리 상태에서 출제를 합니다.
각 대학에서 들어온 문제들을 분야별로 나누어 선택하거나 새로운 문제들을 만듭니다. 어느 대학에서 '방광암의 원인이 되는 기생충은?'이라는 선다형 문제를 냈더라구요. 답은 중동, 아프리카 지방에서 볼 수 있는 주혈흡충입니다.
중동건설이 활발했던 시절입니다.
갑론을박 끝에 언젠가 우리나라에도 감염환자가 발생할 가능성을 염두에 두고 문제로 선택한 적이 있습니다.
이미 야마가 된 아주 희귀한 병입니다.
곧바로 병실로 갑니다. 마침 강냉이 아저씨도 와 있더라구요.
다짜고짜 묻습니다.
"혹시 중동 다녀왔어요?"
역시나입니다.

두 분이 사우디 형제랍니다. 중동 건설시장의 전우더라구요.
우리에겐 아주 생소한 주혈흡충증(住血吸蟲症)!
주로 중동, 아프리카 지역에서 발생하는 풍토병으로 기생충 질환입니다. 이웃인 일본형 주혈흡충증이 있지만 우리나라에는 없는 병입니다.

환자가 귀국 전 공사장 근처 오아시스 웅덩이에서 목욕을 몇 번 했답니다. 아마도 이곳에서 기생충에 감염된 것 같습니다.

묘하게도 감염된 주혈흡충은 방광 요관 등 인간의 요로로 이동해서 알을 낳는데 이 알들이 방광이나 요관을 헐게 하고 출혈을 초래합니다.

빈뇨, 통증, 혈뇨… 염증성 배뇨증상이 다 나타납니다. 만성염증이 계속되면 방광암으로 진행되기도 합니다.

다행히 전문치료제가 개발되었지만 한국에는 없는 질병이다 보니 우리 대학병원 약국에도, 대형 약국에서도 구할 수가 없습니다.

다행히 오래전 일본대학 의학부에서 함께 재직했던 교수에게 부탁을 합니다. 속달로 치료제를 보내줍니다.

만성으로 진행한 터라 한 달 넘게 약물 치료를 합니다. 6개월 만에 가장 우려했던 우측 요관 협착이 풀리고 수신증도 정상으로 회복됩니다.

신장이 살아난 것입니다.

만세입니다.

콩팥을 살리는 게 비뇨기과 의사의 가장 큰 임무거든요.

완치 판정을 받은 환자가 기쁨의 눈물을 흘립니다.

기생충학 학술지에는 증례보고가 몇 례 있지만 방광 주혈흡충증은 처음 발견된 것으로 기억이 됩니다.

전문의 시험 실기문제로도 출제를 합니다. 그야말로 야마가 된 환자입니다. 학문적으로 따지면 돈으로도 살 수 없는 보석 같은 환자를 만난 거지요.

소년 대장장이

아주아주 희귀한 질병을 찾아내고 일본에서 약까지 구해다 기생충을 이겨냈으니 환자나 강냉이 아저씨와는 그야말로 전우와 같은 사이가 됩니다.
주혈흡충 환자의 인생역정을 샅샅이 알게 됩니다.
전형적인 이 나라 민초들의 삶입니다.
한때 성업을 했던 수색 일대의 대장간들이었지만 지금은 겨우 명맥을 유지합니다.
대장간집 6남매의 막내였답니다.
큰형만 사범학교를 나와 시골에서 초등학교 교사를 하고 둘째 형은 일찌감치 해군에 입대를 했답니다. 방직공장 직공이었던 누나들은 다 출가했답니다.
급속한 경제발전으로 7, 80년대에 들어서면서 산업구조에도 변화가 옵니다.
기계화된 철물 제작으로 대장간은 쇠락의 길로 접어듭니다. 일감은 줄어들고 연로하신 아버지의 체력도 쇳일이 점점 버거워집니다.
학교 갔다 오면 숙제고 나발이고 다 팽개치고 풀무질에, 담금질에 매달립니다. 소년 대장장이였답니다.
고등학교 진학은 언감생심입니다.
일감이 점점 줄어듭니다.
징집 연령이 되자 입대를 합니다. 수송병과에 지원합니다.
쇳일에 도가 튼 대장장이의 재주가 빛을 발합니다.
사회를 보는 눈도 트입니다. 제대하면 고등학교에 진학하기로 작심을 합니다. 주경야독입니다. 하늘이 돕습니다. 정부 주도로 산업화에 필수인 기능공 양성을 위한 기계공고를 지역마다 설립합니다. 기계공고 1기생이 됩니다.
스무 살이 넘어 고등학교 1학년이 됩니다. 늦은 학생입니다. 쇳일로 잔뼈가 굵은 대장장이는 용접을 전공합니다. 날개를 단 거지요. 재학 중에 용접 기능사 자격증을 땁니다. 가슴속에 꼬깃꼬깃 접어두었던 목표를 향해 돌진합니다.
졸업을 하자마자 당시 근로자들에겐 황금의 땅인 중동으로 갑니다. 건설공사장에서 철근을 심거나 연결하는 데 용접은 기본입니다. 쇳일의 장인인 대장장이 주니어의 솜씨가 빛을 발합니다.
국내의 두세 배가 넘는 임금을 꼬박꼬박 아버지에게 보냅니다. 군 복무 중에 어머니까지 돌아가시고 홀로되신 아버지는 착한 아들의 소원을 너무나 잘 압니다.
아버지 마음도 똑같습니다.
하루종일 불가마 앞에서 풀무질하고 담금질하는 대장장이의 삶이 너무나 고달픕니다. 시원한 바람 쐬며, 파릇파릇한 푸성귀를 키우는 농부들이 그리 부러울 수가 없었답니다.

아버지는 머나먼 중동에서 막내가 보내주는 돈으로 밭뙈기를 조금씩 조금씩 사들입니다. 송금액이 늘자 대장간도 헐어버리고 아들을 위해 아담한 슬래브 집을 손수 짓습니다. 혼신의 힘을 다합니다. 쇳일 하느라 공부도 못해 열사의 땅 중동에서 애쓰는 막내에 대한 속죄의 뜻이었답니다.

아들의 눈에서 닭똥 같은 눈물이 흐릅니다.

집 짓고 얼마 안 돼 풍으로 갑자기 소천하셨답니다.

땀 흘리다 밭두렁에서 아버지와 막걸리 한 사발 마시는 게 꿈이었답니다.

임종도 못한 불효자식이랍니다.

장례 치르고 서랍을 여니 집문서, 땅문서가 자기 앞으로 정리가 다 되어 있더랍니다. 드디어 고향으로 돌아옵니다.

사막에서 벌어온 돈

그동안 사 모은 논, 밭이 20여 마지기가 넘더랍니다.

참한 색시를 맞아 결혼을 합니다.

쇳일 집어던지고 소원이던 농사일에 빠집니다.

비닐하우스에서 푸성귀가 사부작사부작 자라는 소리가 들리는 듯하답니다.
흙냄새가 그리 좋을 수가 없답니다.
농사를 먼저 시작한 사우디 동생의 뒷바라지가 큰 힘이 되었답니다.
강냉이 아저씨에게 사우디에서부터 논, 밭 마련하라고 부추긴 게 바로 사우디 형님이랍니다.
다 좋을 수 없는 게 삶이잖아요.
시련이 닥칩니다.
초등학교 2학년인 외동아들이 뇌성마비 장애를 지니고 태어났답니다.
아주 다행한 것은 지적장애가 없고 공부도 썩 잘한답니다. 불행한 것은 왼쪽 다리를 절고 보행이 불편하답니다. 아이들의 놀림, 손가락질, 왕따에 마음 편할 날이 없답니다. 공립학교에서 사립학교로 옮깁니다.
엄마는 아들에게만 전념하기로 했답니다.
열사의 땅에서 쇳일을 할 때 결심한 게 하나 있답니다.
중동에서 일하는 동안 세계를 보았답니다.
공사를 설계하고 감독하는 서양인들이 그리 부러울 수가 없었답니다. 자식은 무슨 수를 써서라도 서양교육을 시켜야겠다고 다짐을 했답니다. 농사일로는 도저히 안 되겠더랍니다. 장애아들을 위해 농사를 포기하고 다시 중동으로 갑니다.
2차 진출입니다.

쇳일 팀의 감독이 되다 보니 급여도 꽤 올랐답니다. 깐깐한 아내의 저축 덕분에 통장이 두꺼워졌답니다.

3년 만에 귀국을 합니다.

통장도 두둑하겠다, 다시 농부가 됩니다. 세상에 흙냄새처럼 좋은 게 없답니다.

아내의 집념으로 아들은 곱게 자라 중학생이 되었답니다.

바로 2차 중동 근무에서 그 지독한 주혈흡충증에 걸린 겁니다.

사우디 형님이 농을 합니다.

동생은 농사일의 담임선생님이랍니다.

강냉이 아저씨가 답을 합니다. 사우디에서 일할 때 형님의 보살핌이 없었다면 중도 포기했을 거랍니다. 줄곧 논, 밭을 사라고 충고를 해주었답니다.

그 덕에 내 밭 마련하고 살 만한 농부가 되었답니다. 두 사람의 우정도 아름답기 그지없습니다. 전우애 저리 가라입니다.

사우디 형제! 맞는 말입니다.

하늘이 내린 축복

세월이 흐릅니다.

1996년쯤 되려나? 의학 영화에 미쳐 동분서주할 때입니다.

내시경 시술 장면을 비디오로 녹화해 교육 영화를 만듭니다. 학생들이나 전공의들을 위한 최첨단 시청각교육이었지요. 그 어려운 수술 장면을 아름다운 음악과 함께 생생하게 볼 수 있으니 최고의 교재가 됩니다.
그동안 제작한 20여 편의 작품들을 CD로 제작합니다. 역시 이 나라 최초의 전자출판이었지요.
학계, 언론계로부터 큰 호응을 받았지요.
의학 영화로 각광을 받은 만큼 이 칼잡이 의사는 골병이 듭니다.
박수갈채 뒤에는 늘 눈물이 따르기 마련입니다.
왜냐구요?
당시만 해도 자막, 더빙, 편집, 음악을 모두 사설 스튜디오를 이용하는데 그 비용 수준이 불감당입니다. 가난한 훈장의 지갑이 늘 비명을 지릅니다.
제 지갑이 지르는 비명소리를 하늘이 들었나 봐요.

어느 날 퇴근 무렵입니다.
말끔한 차림의 신사 두 분이 들어옵니다.
눈을 비빕니다. 사우디 형님과 강냉이 아저씨입니다.
예전의 사우디 형제가 아닙니다.
그들이 꿈꾸었던 하얀 와이셔츠에 고운 넥타이 차림입니다.
양복도 그야말로 '세비로(정장 차림의 신사복)'입니다.
방광암의 공포에 질렸던 농부, 강냉이 아저씨가 아닙니다.

기생충병에 걸려 주눅들었던 대장장이 사우디 형님이 아닙니다.
강냉이 아저씨가 입을 엽니다.
사우디 형님이 중동에서 번 돈으로 아버님께서 야금야금 사들였던 고양 근처의 밭뙈기들이 20여 마지기나 되었답니다. 4,000평이 넘었답니다.
영문도 모르는 사이 고양 일대에 일산 신도시가 들어섭니다. 땅값이 천정부지로 오르고 엄청난 보상금을 받았답니다.
자신이 농사짓던 텃밭도 효자 노릇을 했답니다. 꿈에도 소원이던 아이들 대학공부 다 시키고 아파트 한 채씩 사주었답니다. 더 신나는 것은 형님의 외아들이 장애를 딛고 미국의 명문대학에 들어갔다, 이겁니다. 대장장이의 아들이 말입니다.
아직도 텃밭은 하나씩 마련해서 감자, 옥수수, 푸성귀들을 키우고 있답니다.
죽을 때까지 호미는 놓지 않겠답니다.
모두가 선생님이 어렵게 어렵게 살려주신 덕분이랍니다.
며칠 전 신문에 이 칼잡이 의사의 동영상 CD 기사가 났더랍니다. 엄청난 제작비 때문에 지갑이 운다는 기사를 읽었답니다.
두 사람이 동시에 무릎을 쳤답니다.
'가자, 동대문 병원으로!'
안주머니에서 하얀 봉투를 하나 내려놓습니다.
교육 영화 만드는 데 쓰랍니다.

동그라미 여섯 개짜리 수표가 한 움큼입니다.
새가슴 훈장의 손이 마구 떨립니다.
이 돈이 어떤 돈인지 저는 압니다.
저도 모르게 울컥합니다.
저도 모르게 손사래를 칩니다.
사우디 형제가 한목소리를 냅니다.
"아프면 말짱 헛것이에요!"
"우리를 살려주셨잖아요!"
"선생님! 무덤에 가져갈 수도 없잖아요!"

곰곰이 생각해 봅니다.
알부자 사우디 형제를 봅니다.
'농사'를 사랑하는 두 사람에게 '흙'이 내린 보상입니다.
'자식들'을 끔찍이 사랑하는 두 사람에게 '하늘'이 내린 축복입니다.

남한산성 육각을 아시나요?

20대 초반의 앳된 나이에 벌써 남한산성을 다녀오다니! 묘한 연민의 정이 가슴속에 퍼집니다.
지옥을 다녀온 것입니다.

성공은 성적순이 아니더라구요.
아주아주 오래전입니다. 1983년 정초쯤인가? 막 외래 진료가 끝날 무렵, 낯익은 얼굴이 들어옵니다.
예의 겡상도식 인사가 속사포입니다.
"와따 여자대학 오줌과에 와이리 환자가 많능고!"
반가울 수밖에 없는 친구입니다.
"병원장님, 어인 일로 남쪽나라 바다 멀리서 서울까지 납셨나?"
"골때리는 환자 하나 델꼬 왔심더!"
"병원이 날개 달았다면서!"
"병실도 늘렸다는 소식도 들었지. 당신이 보내는 환자마다 병원장 칭송이 자자하더라구."

참으로 자랑스러운 의사입니다.

우선 이 친구 이야기부터 씁니다.

한때 제 부하였지만 인간적으로 존경하는 친구입니다.

포항 해병대 시절 연대의무실에서 잠깐 제 부하 군의관으로 근무한 적이 있습니다. 이상합니다. 의과대학을 갓 졸업한 중위인데, 5년간 전문의 과정을 마치고 입대한 저와 동년배입니다. 불과 몇 달 아래더라구요.

그래도 계급이 무언지 깍듯이 저를 상관으로 모십니다. 워낙 성격이 소탈하고 활달하다 보니 금방 친해집니다.

술자리에서 자기의 치부를 가감 없이 솔직하게 털어놓습니다. 담담하게 가리고 싶은 자기의 '꼬래비 인생'을 이야기합니다.

사범대학 2년을 다니다 뜻한 바 있어 의대에 도전했답니다. 재수 끝에 합격을 했답니다. 3년이나 늦다 보니 성적이 맨날 꼬래비였답니다. 낙제도 한번 했답니다. 의사 시험도 낙방해서 다른 친구들보다 5년이나 늦게 의사가 됩니다.

낙제!, 낙방! 의사들에겐 낯을 들 수 없는 경력들입니다.

늙은 중위가 된 사연입니다.

늦깎이 시골 의사

전역 후 인턴 과정만 겨우 끝내고 어느 외과 병원 보조 의사로 1년간 어깨너머 공부를 합니다.

전문의 과정은 포기하고 고향 근처에 쬐그만 일반의원으로 의사의 삶을 시작합니다.

성격 그대로입니다. 최선을 다해 환자를 봅니다. 모르면 선배나 은사에게 꼬치꼬치 물어가며 진료를 합니다.

그의 말대로 오줌과 환자가 오면 시도 때도 없이 시시콜콜 저에게 상담을 합니다. 당시 교환을 통해 전해오는 장거리 전화는 대부분 자칭 이 '시골 의사'의 목소리입니다. 늘 정이 묻어납니다.

"쌤요! 시골 의사입니더!"

올곧게 의사 노릇 하는 모습이 너무나 가상해서 검사방법, 처방을 자세히 가르쳐줍니다. 가능하면 스스로 치료하도록 지도합니다.

"쌤 덕분에 오줌과 환자가 엄청 늘었어예!"

암 질환 같은 어려운 환자가 오면 무조건 저에게 보냅니다. 다행히 보내는 환자마다 결과가 좋다 보니 덩달아 시골 의사의 명성도 올라가기 마련입니다.

겨울이면 그곳 명산품인 곶감을 보내주는데 서울에서 볼 수 없는 그야말로 최상품 곶감입니다. 어쩌다 서울에 오면 갓난아기만한 가덕대구를 통째로 들고 옵니다.

늘 실력보다는 정성으로 환자를 진료합니다. 소문에 의하면 돈 없어 돌려보낸 환자가 한 사람도 없답니다.

응급 수술이 필요한 환자가 오면 모교의 선배나 은사를 모셔와 수술합니다.

목에 힘깨나 주는 교수들도 이 시골 의사가 부르면 한밤중이라도 달려갑니다. 왜냐구요? 초청 수술비를 입이 째지게 무더기로 주거든요. 비록 남는 돈은 없어도 병원의 신뢰와 명성은 쌓여만 갑니다.

수입이 늘면 좋은 장비부터 구입합니다.

몇 년이 지나자 동네에서, 면에서, 군에서 환자가 몰려듭니다. 비록 규모는 작지만 내외산소(내과, 외과, 산부인과, 소아과)가 모인 준종합병원으로 일구어 냅니다.

진실로 성공은 성적순이 아니더라구요. 오로지 성실과 인간성으로 입지한 '꼬래비 의사'의 전설입니다.

각설하고,

조카인 골때린다는 환자와 형수를 데리고 들어옵니다.

머리를 빡빡 깎은 근육형의 청년입니다. 키는 작지만 가슴이 우람하고 손도 제 손의 두 배쯤 되는데 왠지 잔뜩 풀 죽은 모습입니다.

환자 어머니에게 저를 소개합니다.

우리나라에서 최고 '맹의'라고 허풍을 떱니다.

"제가 진짜 쌤으로 모신다꼬요."

"우리 헹수님 아닌교."

얼굴에 수심이 그득하고 파파 할머니로 겉늙으셨더라구요.

알라가 며칠째 소변에서 피가 섞여 나오고 간혹 왼쪽 옆구리가 결린답니다.

시골 의사가 요로결석인가 해서 초음파도 해보고 단순 복부촬영을 해도 결석은 안 보이고 콩팥이 좀 커진 게 마음에 걸린답니다.

1980년대 초, CT나 MRI 같은 영상장비가 없으니 시골에서는 주먹구구식으로 환자를 볼 수밖에 없던 시절입니다.

환자와 보호자를 내보내고 커피 한잔 대접합니다.

집안의 유일한 장조카라 직접 데리고 왔답니다. 대뜸 섬뜩한 말을 합니다.

"점마 우리 집안의 골칫덩거리입니더."

"남한산성 출신 아닌교?"

"얼마 전에 빼냈심더!"

남한산성! 세상에서 가장 무서운 곳입니다. 절대 가서는 안 되는 곳입니다.

이야기인즉, 아버지는 고기잡이배 선장이라 집을 밥 먹듯 비웠답니다. 어머니는 밭일 하랴, 집안일 하랴 아이들 챙길 여유가 없었답니다.

거기다 3녀1남의 늦둥이 외동아들이랍니다. 기다리고 기다리던 장손이라 오냐 오냐로 키웠답니다.

고등학교 때부터 못된 녀석들과 어울렸답니다. 욱하는 성격이라 주먹싸움이 비일비재했답니다. 정학을 밥 먹듯 하면서 간신히 졸업은 합니다. 2년이나 재수를 했지만 대학 근처도 못 갔답니다.

유일한 출구가 군대입니다. 군대 생활도 평탄치 않았답니다. 선임인 병장의 기합을 못 참고 맞상대를 해 직사하게 두들겨 팼답니다. 겁이 나 줄행랑을 쳤다 잡혔답니다.

군법회의에서 탈영 및 상관폭행죄로 2년형을 받아 '감빵'에 갔답니다. 그 유명한 육군교도소! '남한산성'엘 다녀왔다, 이겁니다.

우리 형수님은 저 녀석 때문에 환갑도 안 되셨는데 저리 폭삭 늙었답니다. 남한산성! 소리를 듣는 순간 제 머리가 하얘지고 환자를 다시 봅니다.

아주 다행한 것은 감빵 다녀오더니 좀 고분고분해졌지만 삶의 갈피를 못 잡고 헤맨답니다.

아무리 사고뭉치라도 형수에겐 금쪽같은 아들이랍니다. 가슴이 숯검댕이가 된 형수가 모처럼 한숨 놓으려나 했는데, 아들의 시뻘건 소피를 보고는 질겁했답니다.

조카의 입원 수속을 마치고 다시 제 방으로 옵니다.

"선생님 명의 아닌교!"

"저 녀석 살려주이소! 우리 가문의 대를 이을 놈 아닌교!"

두툼한 봉투를 던지듯 놓고 부리나케 나갑니다.

"오늘 저녁 오야봉 노릇 한번 디지게 하이소!"

"불쌍한 레지던트, 교수들 델꼬 왕창 한잔 하이소!"

그다운 갱상도식 간단명료한 인사입니다.

"쌤! 갑니더!"

남한산성과 육각(六角)

'20대 초반의 앳된 나이에 벌써 남한산성을 다녀오다니!?'
묘한 연민의 정이 가슴속에 퍼집니다.
세상에서 가장 무시무시한 곳을 다녀온 것입니다. 지옥을 다녀온 것입니다.
절대 가서는 안 되는 곳을 다녀왔기 때문입니다.
남한산성! 베스트셀러 소설이 된 김훈 작가의 《남한산성》 이야기가 아닙니다. 바로 군인들의 감빵인 육군교도소의 은어이자 애칭(?)인 것입니다. 남한산성의 중턱에 있었거든요. 지금은 장호원 쪽에 있다네요.
6, 70년대 군대 생활한 세대 중에 탈영병이나 사고뭉치들은 남한산성 소리만 들어도 오금이 저리고 경기를 했습니다.
이 칼잡이 의사, 무슨 팔자였는지 감빵 중에서 제일 으스스하다는 남한산성을 제 발로 찾아가 빠삐용의 현장을 샅샅이 둘러본 사연이 있습니다.

1972년 말입니다. 국방부 산하 중앙병무청에서 근무할 때입니다.
전역이 몇 달 안 남은, 소위 제대 말년입니다.
비뇨기과 의국에서 한솥밥을 먹었던 1년 후배가 찾아옵니다. 유난히 저를 따르고, 친동생 같은 후배입니다. 마음이 비단결 같은 귀공자입니다. 금수저 집안의 3대 독자입니다.
육군 군의관 대위인데 전방에서 근무하는 귀하디귀한 아들, 행여 다칠세라 아버지가 이리저리 손을 써 서울 근교로 데려옵니다.
그런데 하필이면 보직이 그 무시무시한 남한산성 의무실장 자리입니다.
군교도소는 소장부터 장병들 모두가 헌병 병과입니다. 업무상 범법자들만 다루다 보니 헌병들의 눈에는 모두가 범죄자로 보이기 마련입니다.
의무실인데도 살벌하기는 마찬가지랍니다.
담배 한 개비에, 당시 세 갑 값인 1,000원에 밀매가 되고, 하도 수감생활이 고달프다 보니 병실에 입원하는 게 호텔행으로 생각합니다.
기상천외의 머리를 써 꾀병으로 입원을 시도한답니다. 잠깐만 한눈을 팔아도 환자끼리 폭력이 난무한답니다. 죄수들끼리의 난투극! 간수 헌병들의 무자비한 기합! 외상환자들의 상처를 보면 얼마나 맞았는지 상상이 안 간답니다.
흉악범들의 눈빛만 보아도 소름이 끼치고 겁이 난답니다.
밤마다 악몽을 꾼답니다.
소장 이하 지휘관들의 의무실에 대한 감시의 시선도 무섭답니다.
단기 군의관이 있을 자리가 아니랍니다. 행정능력과 군생활이 몸에 밴 장기 복무자가 맡아야 할 부서랍니다. 자기는 배겨낼 재간이 없답니다. 남한산성을 뜨고 싶답니다.

형님이 국방부 쪽이니 도와 달랍니다. 사람 하나 살려 달랍니다. 눈물까지 글썽입니다.

난감합니다.

아무리 생각해도 부임한 지 3개월밖에 안 됐는데 전출한다는 건 택도 없습니다. 하지만 세상에 죽으란 법은 없습니다.

며칠 전, 의뢰받은 일이 문득 머리를 스칩니다.

몸담고 있는 청년기업인들의 봉사단체인 서울JC(국제청년회의소)에서 그동안 모은 기금으로 연말연시 국군장병 위문 계획을 짭니다. 그리고 제가 준비위원장을 맡게 됩니다.

명색이 현역 해군 소령이니 위문 대상은 저보고 정하랍니다.

해병대 김포여단 애기봉이 후보에 오릅니다.

해병대 위문을 남한산성으로 돌립니다.

당시의 군형무소는 사실 인권 사각지대였거든요. 그래, 한번쯤 사회의 온정을 전하는 것도 좋은 봉사라는 생각이 듭니다.

후배를 달랩니다. 당장 전출은 말도 안 되니, 교도소 내에서의 가오(顔 : 체면라는 뜻의 일본어)를 세워주기로 합니다.

간단한 위문계획을 말하고 소장에게 보고하도록 합니다.

다음날 연락이 옵니다.

헌병 대령인 교도소장이 방방 뛰더랍니다. 군대생활 30년 동안 전방부대 위문은 수없이 보았지만 교도소 위문은 처음이라고 파안대소하더랍니다.

며칠 뒤, 두 명의 위문행사 준비위원들과 함께 당시는 광주군이었던 남한산성 중턱, 제1육군교도소를 찾아갑니다.

그 규모가 어마어마합니다. 엄청나게 높은 산성 같은 담벼락, 철조망, 완전 무장한 병사들이 지키는 망루… 영화에서나 보던 장면을 실제로 봅니다. 입이 다물어지질 않습니다.

회장이 내준, 당시로는 대기업의 의전용 외제차를 타고 정문에서 멀리 떨어진 행정동 소장실로 갑니다.

한 발짝마다 번쩍이는 파이버를 쓴 헌병들이 지킵니다.

교도소장에게 간단히 브리핑을 하고 핵심을 말합니다.

이번 위문행사는 순전히 의무실장의 따뜻한 박애정신 덕분이라고 치켜세웁니다. 불쌍한 재소자들에게 사회의 온정을 전해달라는 간청에 감동했다는 말도 덧붙입니다.

자기도 이렇게 훌륭한 군의관을 본 적이 없다고 극구 칭찬을 합니다.

후배의 얼굴에도 웃음이 가시질 않습니다.

대령의 한마디가 귓전에 남습니다.

재소자들은 우선 배가 불러야 훈시가 들린답니다. '금강산도 식후경'이다, 이거지요. 식품이라면 '질(質)'보다 '양(量)'을 택해달랍니다.

이 나라 최대 제빵기업의 광고 주인공인, 제 환자였던 당대의 지성인 가수 최희준 선생을 꼬드겨 특제 빵을 주문합니다. 가관입니다. 아기 베개만합니다. 보통 사람들은 반 개만 먹어도 '끽'일 정도입니다.

죄수들은 2개, 기간사병은 1개씩 1,500개의 빵, 목마를까봐 사과 1,000개, 화랑 하는 친구가 특별 제작한 대형 한국화를 준비합니다. 색동옷 입은 아이들이 널뛰고 팽이 치는 대문짝만한 그림입니다. 설 풍경을 통해 아름다운 동심을 전하고 싶은 우리 회원들의 정성입니다.

교도소에서 보내준 '제무시(GMC)' 트럭에 오븐에서 갓나온 따끈한 빵과 선물을 실어 보내고 헌병 소령이 탄 지프차(Jeep)를 앞세우고 교도소 정문을 통과합니다.

10여 명의 회원들이 탄 승용차 세 대가 따라 갑니다.

헌병대 차량이 에스코트를 하고, 번쩍이는 파이버를 쓴 헌병들이 도열하고, 경례를 받고… 우리 회원들, 어깨가 으쓱입니다.

여기까지만 낭만입니다.

대령 이하 참모들과 함께 소위 감빵이라는 형무소 본관 앞에 도착합니다.

이게 웬일입니까? 동지섣달 엄동설한인데 러닝셔츠만 걸친 10여 명의 죄수들이 얼차려 기합을 받는 모습이 보입니다.

소장에게 부탁합니다. 위문하는 날인데 풀어줄 수 없느냐? 당장 풀어주었지만 수감자들의 가혹한 현실을 봅니다.

이렇게 큰 단일 건물을 본 적이 없습니다.

6각형의 무지무지 큰 건물입니다. 그래서 본관을 '육각(六角)'이라고 부른답니다. '남한산성' 하면 육군교도소, '육각' 하면 감빵의 상징이 된 것입니다.

펜타곤, 미 국방성 건물이 6각형이지요.

생전 처음 감빵 안으로 들어갑니다.

아주 독특한 설계입니다. 거의 축구장만한 건물인데 정중앙에 망루 같은 구조물이 우뚝 서 있습니다. 건물 속의 건물인 셈이지요.

망루를 중심으로 여섯 개 방향으로 사동(舍棟 : 교도소에서만 쓰는 용어. 죄수들 거주 공간)이 부챗살같이 줄지어 있는데 망루에서는 모든 사동이 한눈에 들어옵니다. 그 끝이 가물가물입니다.

형언할 수 없는 감빵 특유의 냄새를 잊을 수가 없습니다. 역하기 그지없습니다. 다시는 맡고 싶지 않은 냄새입니다.

중앙 망루에 다다르자 당직 선임하사가 '필승'을 외치며 경례를 하는데 그 소리가 여섯 방향의 통로를 통해 메아리처럼 울려 퍼집니다.

넋이 나갑니다. 천둥소리는 저리 가라입니다.

6척 장신의 거구에다 장비의 얼굴이 딱입니다. 그야말로 저승사자가 따로 없습니다.

정좌한 죄수들의 모습을 봅니다.

빡빡 깎은 머리, 회색빛 죄수복… 마치 밀랍 인형같이 미동도 하지 않습니다. 무시무시한 기합에 넋이 나간 로봇들입니다. 수백 명의 죄수가 개미 소리 하나 내지 않습니다.

군대식 위문 행사라 10분 만에 끝내고 잘 정돈된 사동 한 줄만 보고 나오는데, 끝줄에 있는 사상범과 중범의 거주공간을 보여줍니다.

반 평 정도의 동물원 맹수 우리 같습니다. 일어설 수도 없는 높이입니다. 사람 사는 데가 아니더라구요. 소름이 끼칩니다.

위문 행사가 끝나고 군대식 다과회를 열어줍니다.

소장의 말이 가슴에 다가옵니다.

세상에서 가장 철저히 버림받은 젊은이들에게 최고의 행복을 선사한 거랍니다. 잠시지만 이런 시간을 가져 본 적이 없는 죄수들이랍니다. 전방 사단 위문도 좋지만, 진심으로 값진 위문이랍니다.

악조건이지만 사역을 통해 영농, 축산을 가르치고 목공, 자동차 수리도 교육하고 있답니다. 당시 용어로 후생사업이기도 합니다.

그야말로 인권 사각지대의 위문행사를 마칩니다.

동행한 회원들, 그날 밤 꿈자리가 뒤숭숭했답니다.

이 사건 이후 가장 덕본 사람은 '의무실장'입니다.

교도소에서 가장 존경받는 군의관이 됩니다.

"베푸는 자에게 복이 있나니!" 맞는 말입니다.

소장 이하 간부들의 시선도 따스해졌답니다.

탕자의 눈물

환자가 그 남한산성 출신이라니 연민의 정이 갑니다. 친구의 조카라는 사실을 떠나서, 어린 나이에 지옥을 다녀온 젊은이가 괜히 불쌍해 보입니다.
뿐만이 아닙니다. 아들 옥바라지하다 지치고 지친 어머니의 호소가 제 가슴을 적십니다.
감빵에 있는 동안 남한산성으로 수도 없이 면회를 갔답니다.
죄수복 입은 모습을 볼 때마다 가슴이 미어졌답니다. 비쩍 마른 아들을 생각하면 아버지가 잡아오는 그 흔한 생선 한 점도 목에 넘어가질 않더랍니다.
어머니의 가슴은 숯검댕이가 됩니다.

철저한 검사를 진행합니다.
신장까지 도뇨관을 넣어 조영제 촬영을 하고 신동맥 혈관조영술까지, 아주 까다로운 검사를 거쳐 최종 진단이 내려집니다.
1. 좌측 이행동맥(移行動脈 : 비정상적인 기형혈관)
2. 이로 인한 요관협착(신장에서 방광으로 내려보내는 소변길이 선천적으로 혈관에 눌려 좁아짐)
3. 중등도 수신증(水腎症 : 오줌길이 막혀 신장이 늘어나는 병)
발병의 원인이 된 혈관을 잘라내고 요관의 협착 부위를 절제하고 이어주는 요관성혈수술을 합니다.

방광으로의 소변 흐름을 회복시킨 거지요.

대수술이라기보다는 아주 섬세한 수술입니다. 세 시간에 걸쳐 깔끔하게 수술을 끝냅니다.

시골 의사의 간절한 부탁도 부탁이지만 어머니의 자식 사랑, 참으로 눈물겹습니다.

입원해서 퇴원할 때까지 2주 동안 1분도 환자 곁을 떠나지 않습니다. 회진할 때마다 묵주 쥐고 기도하는 모습을 봅니다. 항상 눈가가 젖어 있습니다.

복도에서 만나 나눈 이야기가 가슴을 아리게 합니다. 애비는 고기 잡느라 늘상 집을 비우고 자기는 밭일하느라 먹고 사는 데 쫓기다 보니 아들을 제대로 챙기질 못했답니다. 참으로 못난 에미랍니다. 말썽꾸러기, 전과자, 중환자가 된 아들, 찢어지는 어머니의 마음이 오죽하겠습니까?

온갖 정성을 다합니다.

뜻한 바 있어 꿰맨 창상 치료도 매일 제가 직접 해줍니다.

자기 일을 빼앗긴 레지던트들이 이상한 눈으로 봅니다.

아무리 성질이 고약한 환자도 째고 꿰매고 상처 치료를 해주는 의사 앞에는 순한 양이 되기 마련이거든요.

시골 의사 소원대로 사고뭉치에 대한 교화 작전을 벌입니다.

남한산성과 육각 이야기를 꺼냅니다. 환자가 놀라 자빠집니다.

"남한산성, 육각을 우예 아능교?"

10년 전 위문 이야기를 해줍니다.

"세상에 갈 데가 아니더라! 감빵, 또 갈 수는 없잖아!?"

자네가 얼마나 힘든 시간을 보냈는지 나는 알고도 남는다.

"맞아예, 감빵은 죽어도 갈 데가 아닙니더!"

굳게 닫혔던 말문도 열립니다.

옆에서 조용히 지켜보던 어머니, 눈물이 호수를 이룹니다. 모두 못난 에미 때문이라고 흐느낍니다.

드디어 탕자의 눈에서도 닭똥 같은 눈물이 흐릅니다. 이제서야 환자와 의사 간에 진정한 소통이 이루어진 것입니다. 묘한 화학반응입니다.

드레싱(창상치료) 할 때마다 한마디씩 자연스럽게 던집니다.

"남한산성 후생사업에 사역이나 기술 교육도 받았을 텐데?"

"우째 그런 것도 아능교?"

"교도소장이 엄청 자랑하던데!"

목공소에서 사역을 했답니다.

나무를 깎고 다듬고 맞출 때는 마음이 편했답니다.

우선 환자의 병에 대해 자세히 설명을 합니다.

완치를 자신한다. 자네 건강은 내가 책임진다.

"대신 내 말 하나 듣게!"

"가구공장이나 목공소에 들어가 열심히 기술을 배우도록 해!"

"그래야 장가도 갈 거 아냐?"
"그리 할 겁니더! 목공일 한번 덥벼볼랍니더!"
씩씩하게 대답을 합니다.
시골 의사와 약속한 교화 작전이 성공한 것입니다.
워낙 건강한 몸이라 합병증도 없이 완치되어 2주일 만에 퇴원을 합니다.
어머니가 또 눈물의 인사를 합니다.
아들이 변했답니다. 아주 확 변했답니다. 목공일 배우겠답니다. 여태까지 그런 적이 없었답니다. 너무너무 고맙답니다. 수도 없이 절을 합니다. 합장까지 합니다.
시골 의사와 통화를 합니다.
수술 과정, 결과를 소상히 설명해줍니다. 조카의 교화 작전 이야기도 합니다.
"쌤요! 병만 치료한 게 아니고 아예 사람 하나 맨들었네요!"
"앓던 이빨 확 빠졌습니더!"
해피엔딩입니다.
몇 년 후 골칫덩어리 환자가 쬐그만 가구공장 사장이 됩니다.
장가도 갔답니다. 알라만 낳으면 만세랍니다.
시골 의사가 입에 거품을 뭅니다.
"쌤은 진짜배기 의사인기라!"
"맴 고치는 의사가 진짜 아닝교!"

4부 이런 사랑도 있었네